E. SIEURIN

Cartes d'Étude

pour servir

à l'Enseignement de l'Histoire

TEMPS MODERNES ET CONTEMPORAINS

1610-1899

MASSON ET Cie, ÉDITEURS

Cartes d'Étude

pour servir à l'enseignement

de l'Histoire

PAR MM.

F. CORRÉARD

PROFESSEUR D'HISTOIRE AU LYCÉE CHARLEMAGNE

et

E. SIEURIN

PROFESSEUR AU COLLÈGE DE MELUN

TEMPS MODERNES ET CONTEMPORAINS

(1610-1899)

PARIS

MASSON ET CIE, ÉDITEURS

120, BOULEVARD SAINT-GERMAIN

1899

3265-98 — Conbeil. Imprimerie. Éd. Crété.

AVERTISSEMENT

Ces cartes d'étude pour l'enseignement de l'histoire ont le même but que les cartes d'étude pour l'enseignement de la géographie.

Il est à tout le moins superflu d'insister sur le rôle de la géographie dans l'enseignement de l'histoire et sur la nécessité d'habituer les élèves à se représenter avec précision la situation des lieux historiques, l'étendue et la structure des États, la configuration des pays qui ont été le théâtre des guerres et l'objet des négociations et des traités : à cette condition seulement l'histoire politique et militaire pourra être comprise et retenue. C'est pour rendre cette étude accessible et facile aux élèves des deux ordres de l'enseignement secondaire et de l'enseignement primaire supérieur qu'on a composé ces croquis qui concernent tous les pays intéressant l'histoire générale, en Europe et hors d'Europe, depuis 1610 jusqu'à nos jours. On s'est attaché à les simplifier autant que possible en n'inscrivant que les indications correspondant à un cours normal d'histoire dans l'enseignement secondaire ou primaire supérieur : de cette façon les élèves trouveront sans difficulté les noms mentionnés par leur professeur et dans leur manuel. Dans les croquis qui embrassent un vaste ensemble, par exemple l'Europe à une certaine date, ou qui représentent des changements territoriaux dans un État, on a mis en lumière, au moyen de systèmes de hachures, les faits dominants, tels que les possessions des grandes puissances, leurs accroissements ou leurs pertes de territoire. Dans les croquis politiques, on a réduit au strict nécessaire les indications de géographie physique : elles sont plus complètes, comme de juste, pour les grandes régions d'opérations militaires.

Ces croquis, destinés d'abord à faciliter l'étude du cours d'histoire, pourraient aussi, croyons-nous, servir utilement de modèles et de sujets pour des exercices pratiques. Le grand danger de l'histoire, dans les conditions où elle est enseignée dans les lycées, collèges et écoles, c'est la passivité de l'élève qui prend des notes en classe, les complète avec son manuel, et les apprend, ou qui apprend dans un livre. Les devoirs écrits qui ne comportent ni recherches d'érudition ni critique se réduisent trop souvent à des rédactions résumées ou développées, ou à des compilations d'ouvrages de seconde main.

Ne serait-ce pas un exercice réellement profitable, parce qu'il obligerait les *élèves à réfléchir, à discerner, à choisir, et en même temps facile parce que, portant sur des faits concrets ni trop nombreux, ni difficiles à trouver, il est à la portée de presque tous, que de leur proposer des sujets de devoirs dans le genre de ceux-ci ? Croquis des principaux États catholiques et protestants de l'Allemagne au début de la guerre de Trente ans ; distinguer les États calvinistes et les luthériens ; indiquer les alliés de la France en 1635. — Croquis des possessions suédoises à l'avènement de Charles XII : indiquer la date de l'acquisition des provinces à l'est et au sud de la Baltique. — Tracé de l'itinéraire de Gustave-Adolphe en Allemagne de 1630 à 1632, et indication des principaux champs de bataille. — Même travail sur les expéditions de Charles XII, de 1700 à 1718, etc.*

Tels sont, nous a-t-il semblé, quelques-uns des services que peuvent rendre à l'enseignement historique ces nouvelles cartes d'étude. Nous les soumettons à nos collègues avec l'espoir qu'elles bénéficieront de l'accueil qui a été fait à leurs devancières.

TEMPS MODERNES

ET CONTEMPORAINS (1610-1899)

N° 1. — L'Europe vers 1610.

N° 2. — La France de 1610 à 1789.

Cartons : Frontière du nord-est et de l'est. — Environs de Paris.

N° 3. — La Guerre de Trente ans.

N° 4. — L'Europe vers 1661.

N° 5. — Les Guerres de Louis XIV.

Carton : Plaine du Pô, pour les guerres des xviie et xviiie siècles.

N° 6. — L'Europe vers 1715.

Carton : L'Italie du Nord et du Centre (1714-1748).

N° 7. — Les Guerres de Louis XV.

Cartons : L'Inde au milieu du xviiie siècle. — Environs de Madras. — L'Amérique du Nord au milieu du xviiie siècle. — Guerre de l'Indépendance américaine (1776-1783).

N° 8. — L'Europe orientale au XVIIIe siècle.

Cartons : Carton d'ensemble. — Les Partages de la Pologne. — L'Empire ottoman avant 1699. — Pertes de l'Empire ottoman au traité de Carlowitz (1699). — Pertes de l'Empire ottoman au traité de Passarowitz (1718). — L'Empire ottoman après 1739 (traité de Belgrade). Provinces baltiques aux xviie et xviiie siècles.

N° 9. — L'Europe vers 1789.

N° 10. — La 1re Coalition Constituante et Législative).

Cartons : Opérations dans les Pyrénées orientales. — La France en 1789. — Paris à l'époque de la Révolution.

N° 11. — La 1re Coalition (Convention et Directoire).

Cartons : Allemagne occidentale pour la campagne de 1796-1797. — Plaine du Pô pour la campagne de 1796-1797. — Guerre de Vendée (1793-1795).

N° 12. — La 2e et la 3e Coalition.

Cartons : Pays rhénans et Italie de 1795 à 1799. — Opérations dans la plaine du Pô. — Opérations en Allemagne. — Carton d'ensemble. — Expédition d'Égypte.

N° 13. — La 4e et la 5e Coalition.

Cartons : Guerre d'Espagne (1808-1813). — L'Europe en 1812.

N° 14. — La 6e Coalition.

Cartons : Campagne de Russie. — Campagne d'Allemagne. — Campagne de France. — Campagne de Belgique.

N° 15. — L'Europe en 1815.

Cartons : Frontière française du nord-est en 1815. — La Prusse en 1815. — Les Russes dans le Caucase.

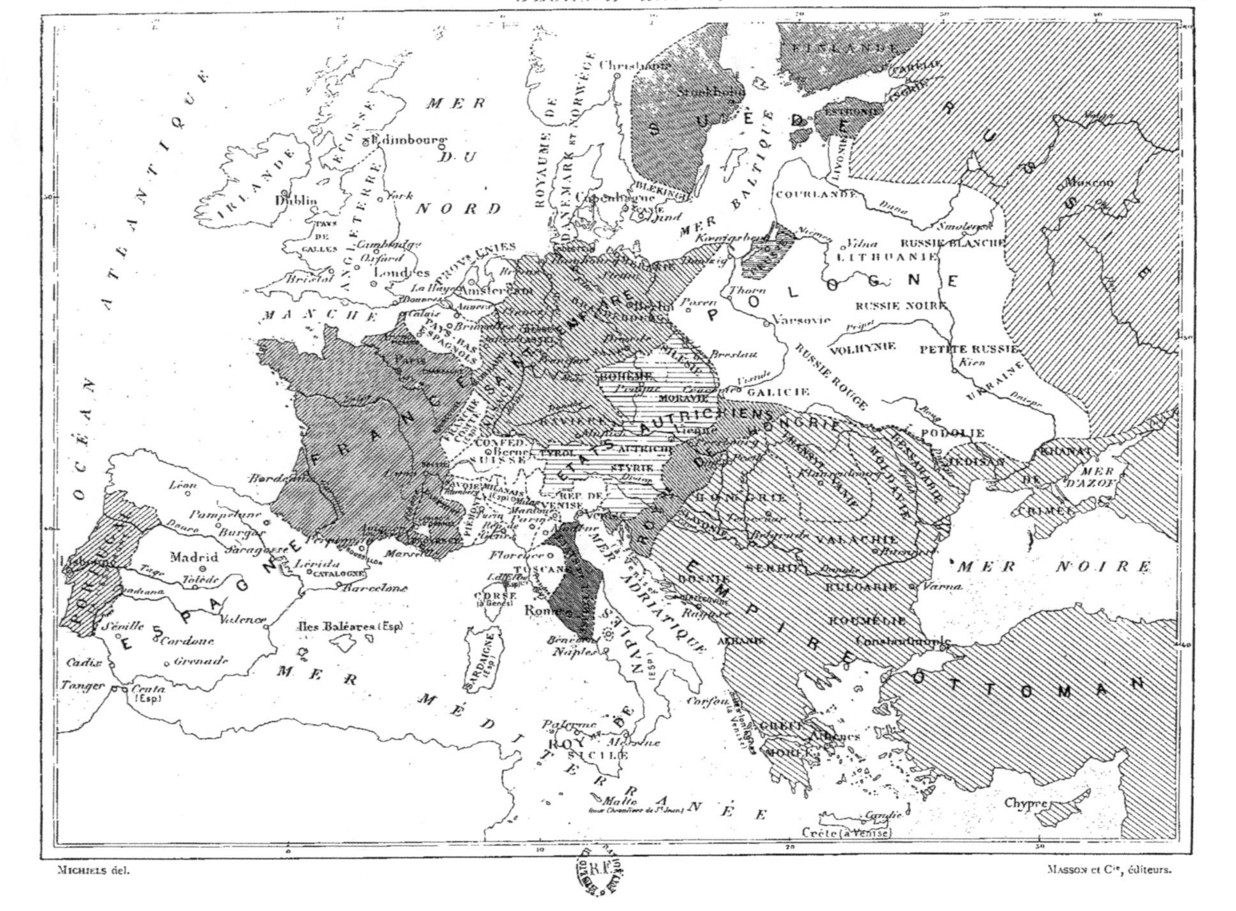

MICHIELS del.   MASSON et Cie, éditeurs.

Limites de la France en 1789
Echelle
kilomètres

MER DU NORD
ANGLETERRE
MANCHE
Iles Anglo Normandes
C. de la Hague
Cherbourg
la Hougue
Calais
Gravelines
Dunkerque
Boulogne
Dieppe
le Hâvre
Rouen
Caen
Brest
S. Malo
BRETAGNE
Rennes
Lorient
Vannes
Vitré
Belle-Ile
NORMANDIE
le Mans
MAINE
ANJOU
Nantes
Angers
POITOU
Luçon
Niort
S. Martin
I. de Ré
la Rochelle
I. d'Oléron
Rochefort
Brouage
Saintes
ANGOUMOIS
Angoulème
OCEAN ATLANTIQUE
Blaye
Bordeaux
GUYENNE
GASCOGNE
Bayonne
Hendaye
Traité des Pyrénées
Pau 1659
BEARN
PYRÉNÉES
Foix
Andorre
ROUSSILLON
CERDAGNE
ROYAUME D'ESPAGNE
MER MEDITERRANÉE
ILE DE FRANCE
Paris
Versailles
S. Denis
S. Germain
Chartres
ORLÉANAIS
Orléans
TOURAINE
Tours
Richelieu
Poitiers
BERRY
Bourges
MARCHE
Limoges
Guéret
LIMOUSIN
AUVERGNE
Clermont
Montauban
Toulouse
LANGUEDOC
Castelnaudary
Béziers
Agde
Montpellier
Nimes
Perpignan
Port Vendres
PICARDIE
Amiens
ARTOIS
Arras
Lille
FLANDRE
PAYS BAS
Anvers
Mons
Namur
Liége
Cologne
Aix-la-Chapelle 1668
Coblentz
Arch.é de Mayence
Trèves PALATINAT
Luxembourg
Sarrebruck
Metz
Verdun
Toul
Nancy
LORRAINE
BADE
Strasbourg
N.l Brisach
Bâle
Belfort
Besançon
FRANCHE COMTÉ
CONFEDON SUISSE
Neuchâtel
Dijon
BOURGOGNE
Châlon
NIVERNAIS
Nevers
BOURBONNAIS
Moulins
LYONNAIS
Lyon
FOREZ
Montbrison
Roanne
BRESSE
DOMBES
SAVOIE
Genève
Vienne
Grenoble
DAUPHINÉ
Valence
Embrun
Briançon
Barcelonnette
PIÉMONT
Turin
ROYME DE SARDAIGNE
PROVENCE
Aix
Arles
Marseille
Toulon
Nice
COMTAT VENAISSIN
Avignon
Orange
Rhin
Meuse
Moselle
Marne
Seine
Loire
Rhône
Garonne
Utrecht 1713
Ryswick 1697
Nimègue 1678
la Haye
Berg-op-Zoom

FRONTIÈRE DU NORD-EST ET DE L'EST
1610-1789
Dunkerque
Gravelines
S. Omer
Verdun
Arras
Cambrai
Charlemont
Bouillon
Sedan
Mézières
Trèves
PALATINAT
Landau
ARCHEVÉCHÉ DE MAYENCE
Aix-la-Chapelle
PAYS BAS
LIÉGE
Verdun
Bar-le-Duc
DUCHÉ DE BAR
Nancy
LORRAINE
Strasbourg
Colmar
Mulhouse
Belfort
FRANCHE COMTÉ
Besançon
CONFEDON SUISSE
SAVOIE
DOMBES
BUGEY

1648 Traité de Westphalie.
     L'Alsace sauf Strasbourg et Mulhouse.
     Traité des Pyrénées.
1659 L'Artois sauf Aire et S. Omer, le Quesnoy,
     Landrecies, Philippeville,
     Marienbourg, Montmédy, Thionville.
1662 Achat de Dunkerque à l'Angleterre.
1668 Traité d'Aix-la-Chapelle. Lille, Douai.
     Traité de Nimègue.
1678 La Franche-Comté. Aire et S. Omer, Maubeuge,
     Cambrai, Bouchain, Valenciennes, Condé.
1681 Occupation de Strasbourg.
1766 Annexion des duchés de Lorraine et de Bar.
Echelle kilomètres

ENVIRONS DE PARIS
Chantilly
Pontoise
Mantes
S. Denis
S. Germain
Marly
Versailles
S. Cyr
Port-Royal
PARIS
Charenton
Sceaux
Meudon
Oise
Seine
Marne
Varex
Melun
Fontainebleau
Echelle kilomètres

MICHIELS del.   MASSON et Cie, éditeurs.

L'EUROPE VERS 1661. CARTE N° 4.

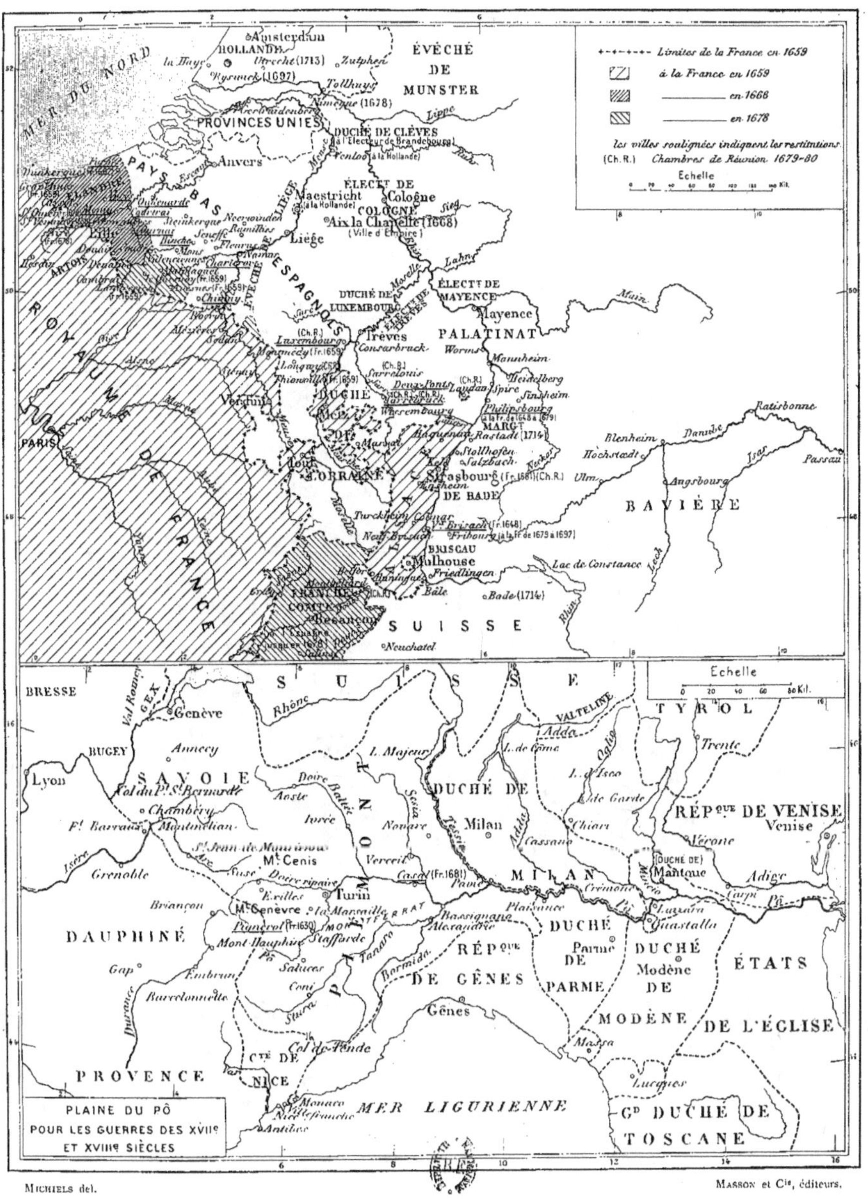
MER DU NORD
Amsterdam
HOLLANDE
la Haye
Utrecht (1713)
Rysinck (1697)
Zutphen
Tollhuys
Nimègue (1678)
Brandebourg
PROVINCES UNIES
Lippe
ÉVÉCHÉ
DE
MUNSTER
DUCHÉ DE CLÈVES
(à l'Électeur de Brandebourg)
Venloo (à la Hollande)
Anvers
PAYS BAS
ÉLECT DE
Maestricht
(à la Hollande)
Cologne
COLOGNE
Aix la Chapelle (1668)
(Ville d'Empire)
Sieg
Liége
PAYS BAS ESPAGNOLS
Oudenarde
Courtrai
Neerwinden
Ramillies
Steinkerque
Seneffe
Fleurus
Namur
Mons
Charleroi
Hinche
FLANDRE
ARTOIS
Dunkerque
Gravelines
Douai
Arras
Cambrai
Landrecies
Lille
Tournai
Valenciennes
Le Quesnoy
Maubeuge
Philippeville
Marienbourg (Fr. 1659)
Chimay
ÉLECT DE
MAYENCE
Mayence
Morelle
PALATINAT
Worms
Mannheim
ROYAUME DE FRANCE
PARIS
Aisne
Rethel
Mézières
Sedan
Marne
DUCHÉ DE
LUXEMBOURG
(Ch.R.)
Luxembourg
Montmédy (Fr. 1659)
Longwy
Thionville (Fr. 1659)
Sarre
Trèves
Consarbruck
Sarrelouis
Deux-Ponts (Ch.R.)
Sarrebruck (Ch.R.)
Lahn
Heidelberg
Landau
Spire
Sinsheim
Philippsbourg
(à la Fr. de 1648 à 1697)
Haguenau
Rastadt (1714)
MARGT
Verdun
Meuse
DUCHÉ
DE
MÉTZ
Metz
Marsal
Nancy
TOUL
Toul
LORRAINE
Stollhofen
Salzbach
Neckar
Strasbourg (Fr. 1681)(Ch.R.)
Wissembourg
DE BADE
Turckheim
Colmar
Vx Brisach (Fr. 1648)
Neuf Brisach
Fribourg (à la Fr. de 1679 à 1697)
BRISGAU
Belfort
Huningue
Mulhouse
Friedlingen
Montbéliard
FRANCHE
COMTÉ
Bâle
Bade (1714)
Besançon
SUISSE
Neuchâtel
Main
Ratisbonne
Blenheim
Danube
Hochstædt
Ulm
Angsbourg
Passau
BAVIÈRE
Isar
Lech
Lac de Constance
Rhin

Limites de la France en 1659
à la France en 1659
en 1668
en 1678
les villes soulignées indiquent les restitutions
(Ch.R.) Chambres de Réunion 1679-80
Echelle

BRESSE
GEX
Genève
Rhône
SUISSE
VALTELINE
Adda
TYROL
BUGEY
Annecy
L. Majeur
L. de Côme
Oglio
Trente
Lyon
SAVOIE
Col du Pt St Bernard
Doire Baltée
Aoste
L. d'Iseo
Lac de Garde
RÉPque DE VENISE
Venise
Chambéry
Montmélian
Ivrée
Sesia
Adda
Chiari
Cassano
Vérone
Ft Barraux
St Jean de Maurienne
Mt Cenis
Verceil
DUCHÉ DE
Milan
MILAN
Adige
Carpi
Grenoble
Suse
Doire ripaire
Casal (Fr. 1681)
Pavie
Crémone
(DUCHÉ DE)
Mantoue
Briançon
Exilles
Turin
MILAN
Luzzara
Pinerol (Fr. 1630)
Mt Genèvre
la Manzaille
MONT
Plaisance
Guastalla
DAUPHINÉ
Mont-Dauphine
Stafforde
Po
Bassignana
Alexandrie
RÉPque
DUCHÉ
DE
PARME
Parme
Modène
DUCHÉ
DE
MODÈNE
ÉTATS
Gap
Embrun
Salices
Coni
Bormida
DE GÊNES
Gênes
Massa
DE L'ÉGLISE
Barcelonnette
Stura
PROVENCE
Cté DE
NICE
Col de Tende
Lucques
Monaco
Villefranche
Antibes
MER LIGURIENNE
Gd DUCHÉ DE
TOSCANE
PLAINE DU PÔ
POUR LES GUERRES DES XVIIe
ET XVIIIe SIÈCLES

L'EUROPE VERS 1715. CARTE N° 6.

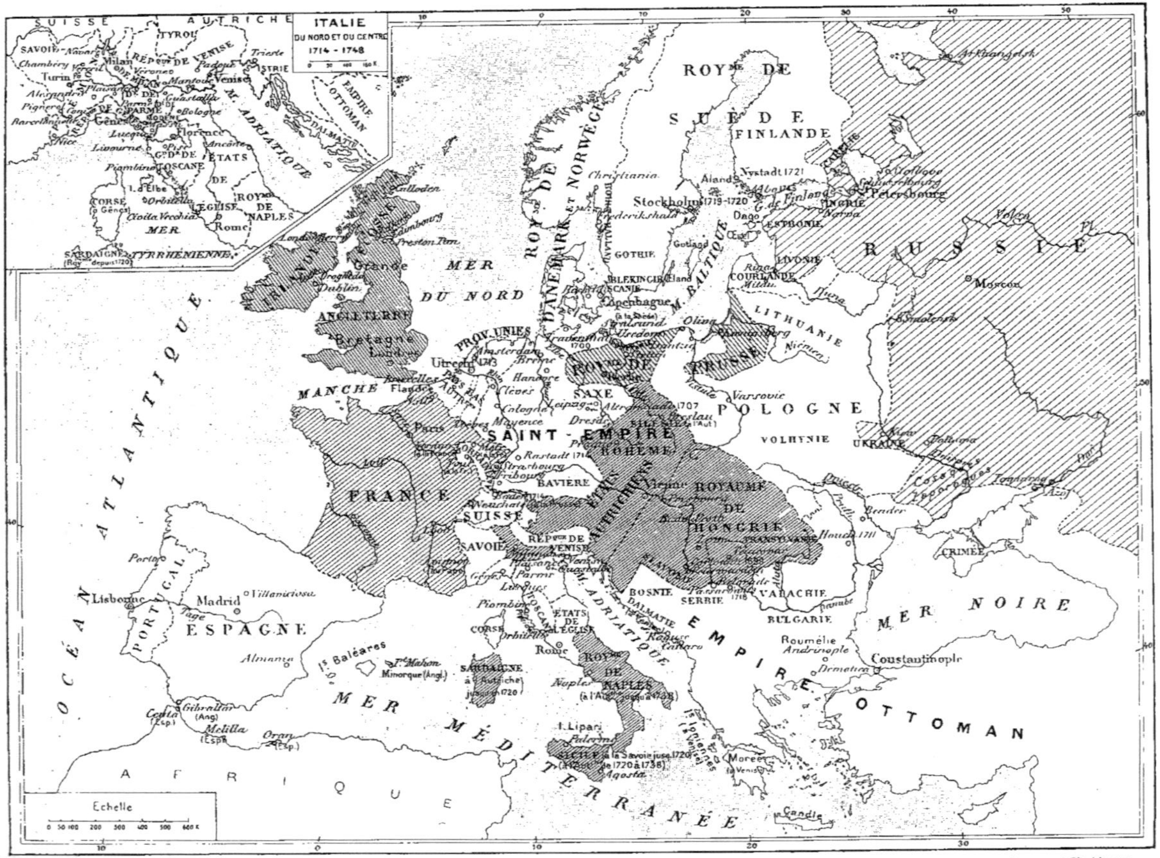

Michaux del. Masson et Cie éditeurs.

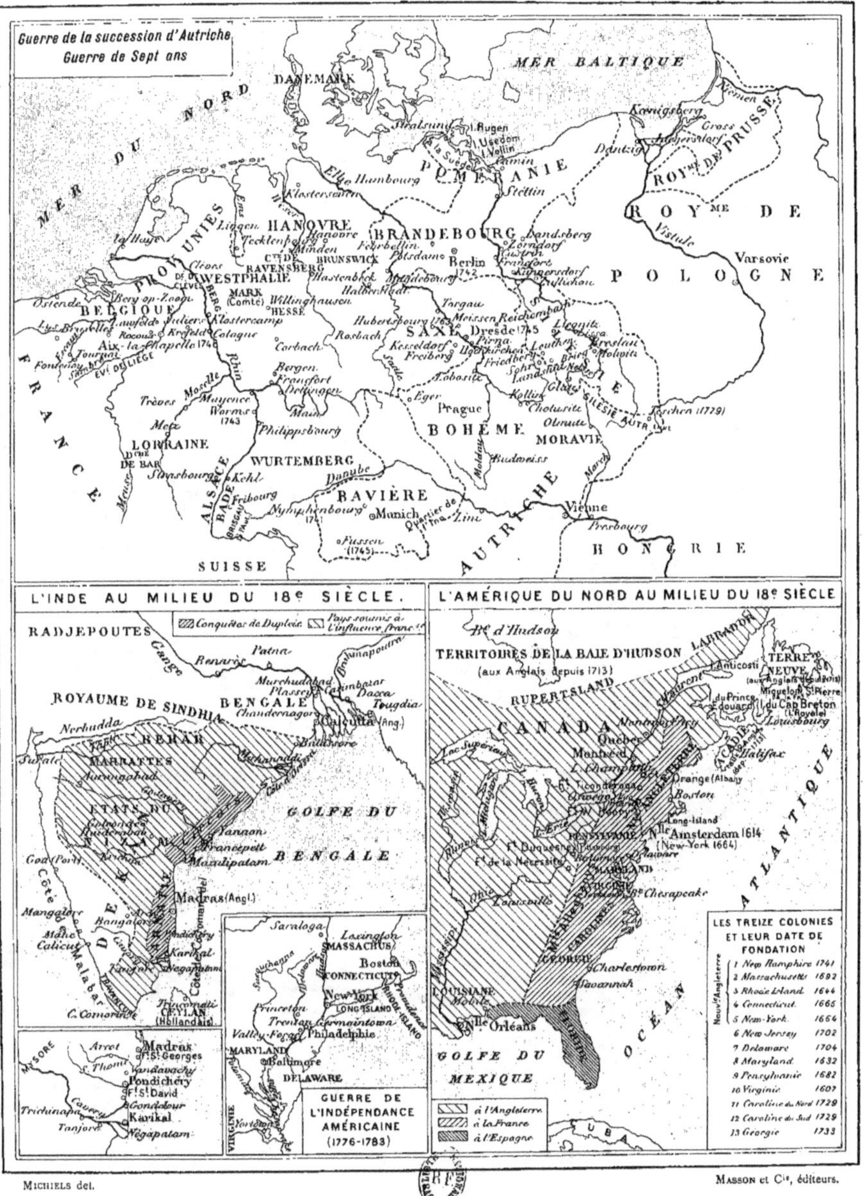
Guerre de la succession d'Autriche
Guerre de Sept ans
MER BALTIQUE
MER DU NORD
DANEMARK
Königsberg
Gross
Stralsund
I. Rugen
Usedom
Wollin
Camin
Dantzig
ROYme DE PRUSSE
POMÉRANIE
Stettin
ROYme DE
Elbe Hambourg
Klosterseven
Vistule
POLOGNE
Varsovie
PROVINCES UNIES
Lingen HANOVRE
Hanovre
Landsberg
Tecklenbourg
Zorndorf
Minden Fehrbellin
Custrin
la Haye
Potsdam Berlin
Francfort
BRANDEBOURG
CLEVES BRUNSWICK
Kunersdorf
RAVENSBERG
WESTPHALIE
Magdebourg
Halberstadt
Ostende
Berg op-Zoom
Bois-le-Duc
MARK
HESSE
(Comté) Willinghausen
Torgau
BELGIQUE
Lutterberg
Meissen Reichenbach
Liegnitz
Lille Tournai
Crefeld Cologne
Hubertsbourg 1763
Dresde 1745
Breslau
Fontenoy
Klostercamp
Rosbach
SAXE
Kesseldorf
Pirna
Leuthen
Mollwitz
Corbach
Freiberg
Liège
Bergen
Sohr
Landshut
Trèves Moselle Mayence
Francfort
Lobositz
Glatz
Metz Worms
Main
Eger
Kollin
Choturitz
LORRAINE
Philippsbourg
Prague
Olmütz
Teschen (1779)
DE BAR
Strasbourg Kehl
Danube
BOHÊME
MORAVIE
ALSACE BADE
Fribourg
WURTEMBERG
Budweiss
Nymphenbourg
Munich
Vienne
BAVIÈRE
Quartier de
Presbourg
Füssen
Pirna-Zini
AUTRICHE
(1745)
SUISSE
HONGRIE
FRANCE

L'INDE AU MILIEU DU 18e SIÈCLE.
RADJEPOUTES
Conquêtes de Dupleix.   Pays soumis à l'influence franç.
Ganges
Patna
Benarès
Azimpoutra
Murchadabad
ROYAUME DE SINDHIA
BENGALE
Cossimbazar
Dacca
Nerbudda
Chandernagor
Tougdia
Calcutta (Ang.)
BERAR
MARRATTES
Balasore
Surate
Aurengabad
ÉTATS DU
GOLFE DU
Goa (Port.)
NIZAM
Yanaon
Côte
Francepett
BENGALE
Mangalore
DEKKAN
Masulipatam
Mahé
Madras (Angl.)
Calicut
Bangalore
Pondichéry
Malabar
Karikal
Négapatam
C. Comorin
CEYLAN
(Hollandais)

MYSORE
Arcot
Madras
ou St. Georges
St. Thomé
Vandavachy
Pondichéry
F. St. David
Trichinapaly
Gondelour
Cavery
Karikal
Tanjore
Négapatam

L'AMÉRIQUE DU NORD AU MILIEU DU 18e SIÈCLE
Bie d'Hudson
LABRADOR
TERRE
NEUVE
(aux Anglais depuis 1713)
TERRITOIRES DE LA BAIE D'HUDSON
Anticosti
(aux Anglais depuis 1713)
Miquelon St. Pierre
RUPERTSLAND
du Prince
St. Laurent
Édouard
I. du Cap Breton
CANADA
(L'Royale)
Louisbourg
Québec
ACADIE
Montréal
L. Champlain
Halifax
Lac Supérieur
Carillon
Orange (Albany)
Lac Huron
Boston
Long-Island
PENSYLVANIE
Nlle Amsterdam 1614
(New-York 1664)
Ft Duquesne
Philadelphie
Lac Michigan
Ft de la Nécessité
MARYLAND
Ohio
Bie Chesapeake
Louisville
OCÉAN
LOUISIANE
Mobile
Charlestown
ATLANTIQUE
Nlle Orléans
Savannah
GOLFE DU
FLORIDE
MEXIQUE
CUBA

GUERRE DE
L'INDÉPENDANCE
AMÉRICAINE
(1776-1783)
Saratoga
Lexington
MASSACHUS.
Boston
CONNECTICUT
New-York
LONG-ISLAND
Princeton
Trenton Germaintown
Valley-Forge Philadelphie
MARYLAND
Baltimore
DELAWARE
VIRGINIE
Yorktown

à l'Angleterre
à la France
à l'Espagne

LES TREIZE COLONIES
ET LEUR DATE DE
FONDATION
1 New Hampshire 1741
2 Massachusetts 1692
3 Rhode Island 1644
4 Connecticut 1665
5 New-York 1664
6 New Jersey 1702
7 Delaware 1704
8 Maryland 1632
9 Pensylvanie 1682
10 Virginie 1607
11 Caroline du Nord 1729
12 Caroline du Sud 1729
13 Géorgie 1733

CARTON D'ENSEMBLE
LES PARTAGES DE LA POLOGNE
1772 1793 1795
à la Russie
à la Prusse
à l'Autriche
Echelle
FINLANDE
St Pétersbourg
GRANDE RUSSIE
Moscou
Nyni Novgorod
Kasan
Novgorod
LIVONIE
COURLANDE
LITHUANIE RUSSIE BLANCHE
RÉPUBLIQUE
DE POLOGNE
Kien
Poltava
Astrakhan
COSAQUES ZAPOROGUES
EMPIRE
ROUMANIE
Sébastopol
MER NOIRE
OTTOMAN
ROUMÉLIE
Acquisitions de Pierre le Grand
d'Elisabeth
de Catherine II
Echelle
Pertes de l'Empire Ottoman au Traité de Carlowitz (1699)
MORAVIE
AUTRICHE
POLOGNE
Dniester
MOLDAVIE
TRANSYLVANIE
Maros
Carlowitz (1699)
VALACHIE
Belgrade
Danube
Echelle
Pertes de l'Empire Ottoman au Traité de Passarowitz (1718)
HONGRIE
TRANSYLVANIE
Maros
SLAVONIE
Passarowitz 1718
VALACHIE
Belgrade
Echelle
MER BALTIQUE
POMÉRANIE
ROYME DE PRUSSE
LITUANIE
RUSSIE BLANCHE
Königsberg
Bialystok
Grodno
Smolensk
MAZOVIE
RUSSIE NOIRE
SILESIE
PODLESIE
PETITE RUSSIE
POLOGNE
VOLHYNIE
MORAVIE
GALICIE
PODOLIE
Cracovie
Kien
UKRAINE
Dniester
BESSARABIE
COSAQUE
ROYAUME
DE HONGRIE
Pest
Danube
MOLDAVIE
JEDISAN
POLOGNE
RUSSIE
Vienne
TRANSYLVANIE
PODOLIE
MER D'AZOV
St Gothard
MOLDAVIE
CROATIE
VALACHIE
MER ADRIATIQUE
SERBIE
Belgrade
BULGARIE
MER NOIRE
ALBANIE
ROUMÉLIE
Constantinople
ARCHIPEL
L'EMPIRE OTTOMAN AVANT 1699
(Traité de Carlowitz)
Limites en 1699
Echelle
PROVINCES BALTIQUES
AUX XVIIᵉ ET XVIIIᵉ SIÈCLES
FINLANDE
Nystadt (1722)
Abo (1743)
Aland
Helsingfors
Lac Ladoga
CARÉLIE
Stolbova (1617)
Golfe de Finlande
Cronstadt
Pétersbourg (1703)
INGRIE 1721
ESTHONIE 1721
Dago
Narva
Novgorod
Lac Ilmen
Örel 1721
Dorpat
G. de Livonie
LIVONIE 1721
Riga
Mitau
COURLANDE
POLOGNE
RUSSIE
HONGRIE
Buda-Pest
TRANSYLVANIE
JEDISAN
CRIMÉE
MER D'AZOV
SLAVONIE
BANAT DE TEMESVAR
VALACHIE
Bukarest
Kainardji 1774
Varna
BOSNIE
HERZÉGOVINE
MONTÉNÉGRO
Sistova 1790
BULGARIE
MER NOIRE
ALBANIE
ROUMÉLIE
Andrinople
Constantinople
Salonique
ARCHIPEL
MORÉE
L'EMPIRE OTTOMAN APRÈS 1739
(Traité de Belgrade)
Pays reconquis au Traité de Belgrade
Echelle

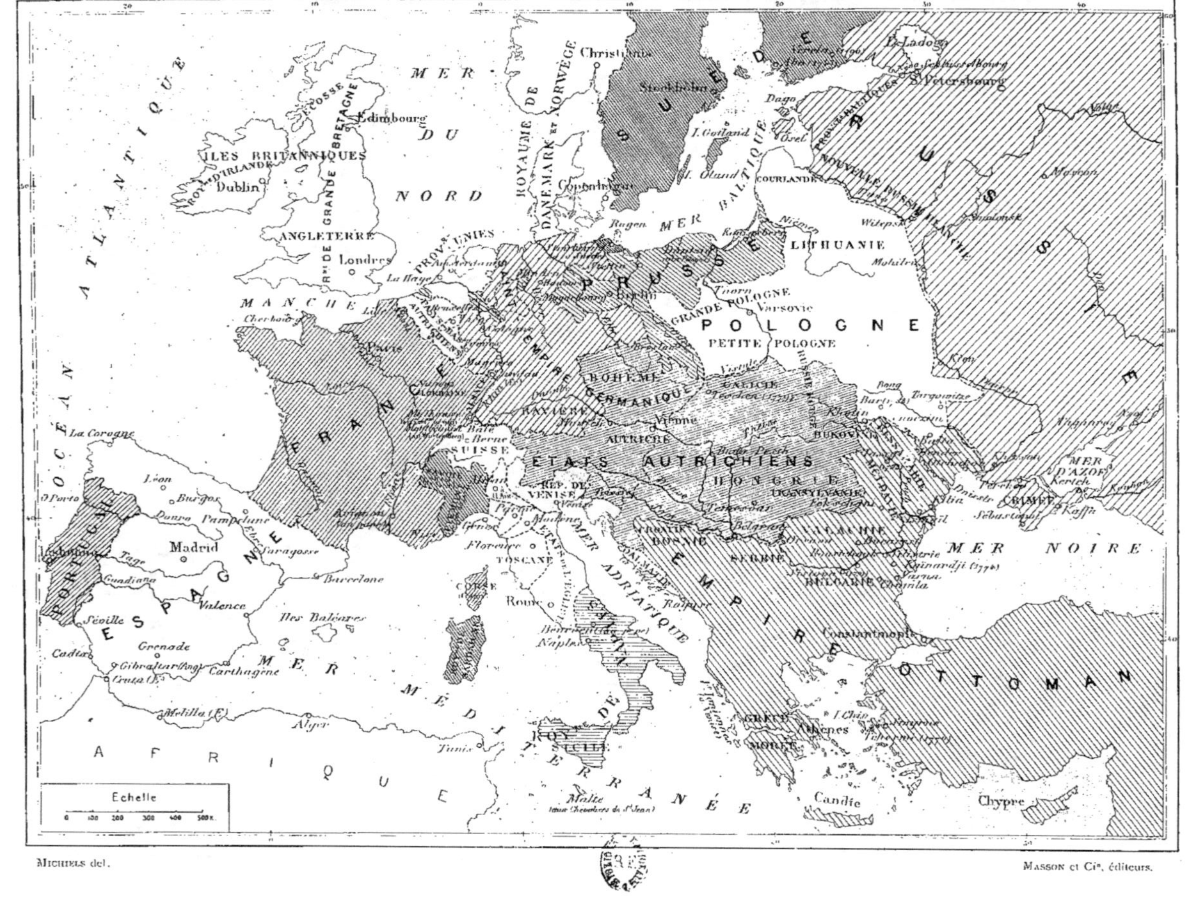

OCÉAN ATLANTIQUE
MER DU NORD
ROYAUME DE DANEMARK ET NORVÈGE
SUÈDE
RUSSIE
ILES BRITANNIQUES
ÉCOSSE
GRANDE BRETAGNE
R.me D'IRLANDE
Dublin
Edimbourg
Londres
ANGLETERRE
R.me DE
MANCHE
Cherbourg
PROV.ces UNIES
La Haye
Amsterdam
Bruxelles
Christiania
Stockholm
Copenhague
Rügen
MER BALTIQUE
I. Gotland
Oesel
Courlande
NOUVELLE RUSSIE
PROVINCES BALTIQUES
S.t Pétersbourg
L. Ladoga
Daga
Niémen
Witepsk
LITHUANIE
Mohilew
Thorn
Varsovie
GRANDE POLOGNE
POLOGNE
PETITE POLOGNE
Kiow
PRUSSE
EMPIRE GERMANIQUE
BOHÈME
GALICIE
BAVIÈRE
AUTRICHE
Vienne
FRANCE
SUISSE
ÉTATS AUTRICHIENS
HONGRIE
TRANSYLVANIE
BUKOWINE
MER D'AZOF
Kertch
CRIMÉE
Sébastopol
Kaffa
MER NOIRE
ESPAGNE
Madrid
Saragosse
Barcelone
Valence
Léon
Burgos
Pampelune
Douro
Tage
Guadiana
La Corogne
PORTUGAL
Lisbonne
Séville
Grenade
Cadix
Gibraltar (Angl.)
Ceuta (E.)
Melilla (E.)
Carthagène
Iles Baléares
MER MÉDITERRANÉE
Alger
Tunis
AFRIQUE
RÉP. DE VENISE
TOSCANE
Florence
Rome
ÉTATS DE L'ÉGLISE
CORSE
MER ADRIATIQUE
DALMATIE
BOSNIE
SERBIE
BULGARIE
EMPIRE OTTOMAN
Constantinople
VALACHIE
ROY.me DE SICILE
Naples
MALTE (aux Chevaliers de S.t Jean)
GRÈCE
Athènes
MORÉE
Candie
Chypre
Échelle
0   100   200   300   400   500 k.
MICHIELS del.
MASSON et C.ie, éditeurs.

Echelle
MER DU NORD
Amsterdam
RÉPUBLIQUE
DES
PROVINCES UNIES
La Haye
Utrecht
Vieux Rhin
Leck R.
Waal
ZEELANDE
Nimègue
DUCHÉ DE
CLÈVES
Crévecœur
Bois-le-Duc
Boxtel
Flessingue
Berg-op-Zoom
Ostende
Gand
Escaut
Anvers
DÉFILÉS DE L'ARGONNE
Défilé du Chêne Populeux
Stenay
D. de la Croix aux Bois
D. du Grand Pré
Vouziers
Varennes
D. de la Chalade
Valmy
Ste Menehould
Dunkerque
Hondschoote
Hooglède
Menin
Courtrai
Bruxelles
Maestricht
(aux Prov. unies)
LIÈGE
ÉLECT DE COLOGNE
Cologne
Deutz
DUCHÉ DE
JULIERS
Aldenhoven
Aix-la-Chapelle
Düren
Lille
Montreron
Tourcoing
Tournay
Néerwinden
Liège
PAYS-BAS
Lys
Condé
Mons
Fleurus
Namur
Coblentz
Ehrenbreitstein
Francfort
Valenciennes
Quiévrain
Charleroi
ÉLECT DE MAYENCE
Castel
Douai
Maubeuge
Philippeville
Mayence
Arras
Cambrai
Wattignies
Givet
AUTRICHIENS
PALATINAT
Landrecies
Mézières
Bouillon
Semoy R.
Worms
Sedan
Trèves
ÉLECT DE
TRÈVES
Luxembourg
Manheim
Kaiserslautern
Heidelberg
Spire
Aisne
Chiers
Thionville
Sarrelouis
Deux-Ponts
Philippsbourg
Landau
Oise
Varennes
Verdun
Sarrebruck
Wissembourg
Ste Menehould
Vabny
Metz
Bitche
Worth
Geisberg
MARGT DE BADE
Châlons
Argonne
Toul
C
Nancy
Phalsbourg
Haguenau
E
Strasbourg
Kehl
PARIS
Marne

PARIS
à l'époque de la Révolution
Bre de Clichy
Bre St Denis
Bre de la Villette
Bre de Monceaux
FAUBOURG
FAUBOURG
FAUBG
ST MARTIN
Bre du Combat
Bre du Roule
MONTMARTRE
ST DENIS
Hop. St Louis
l'Étoile
FAUBOURG
ST HONORÉ
FAUBG
DU TEMPLE
Bre de Belleville
Bre de Ménilmontant
Place de la
Révolution
les Jacobins
les Feuillants
Manège
Palais Royal
le Temple
Bre des Amandiers
les Tuileries
Pal. Royal
le Louvre
Place de Grève
Hôtel-de-Ville
Bre de Charonne
Hôtel des Invalides
Champ
de Mars
Palais
National
la Cité
Conciergerie
N Dame
la Bastille
FAUBOURG
ST ANTOINE
École
Militaire
Abbe de St Germain
St Germain des Prés
Cordeliers
Vincennes
Luxembourg
Ste Geneviève
ST VICTOR
Jardin du Roi
Bre de Sèvres
les Chartreux
Bre de Vaugirard
FAUBG ST
MICHEL
Val de Grâce
Hôpal de la
Salpêtrière
Bre de Charenton
Bre d'Enfer
les Cordeliers
ST JACQUES
ST MARCEL
Bre de Fontainebleau
Bre de la Glacière
Echelle

OPÉRATIONS
DANS LES
PYRÉNÉES-ORIENTALES
Perpignan
Mont-Louis
Tet
Conde la Perche
ROUSSILLON
Bellegarde
Boulou
Collioure
Port-Vendres
CERDAGNE
Canigou
Col du Perthus
Segre
Prats de Mollo
Mas Noir
Col des Ayres
Figuière

LA FRANCE
EN 1789
PAYS-BAS
AUTRICHIENS
Évêché de Liège
Boulogne
Philippeville
Évêché de Trèves
Bouillon
PALATINAT
Sarrelouis
LORRAINE
MARGT
DE
BADE
Paris
CHAMPAGNE
le Mans
Brienne
Nathouse
Orléans
Montbéliard
Quiberon
Nantes
CONFÉDÉRAT
SUISSE
VENDÉE
Neuchâtel
(à la Prusse)
Lyon
EX TERRIER
SAVOIE
Bordeaux
ROY DE
SARDAIGNE
DAUPHINÉ
GASCOGNE
CTE DE
NICE
PROVENCE
ESPAGNE
ROUSSILLON
CORSE

MICHELS del.

GUERRE DE VENDÉE
1793-1795
BRET
Savenay
Ancenis
Loire Fl.
Angers
Nantes
St Florent
Jallais
Saumur
Beaupréau
Chemillé
Pornic
Le de Grandlieu
La Jaunaye
Vihiers
Bourgneuf
Torfou
Mortagne
Cholet
Machecoul
Tiffauges
les Aubiers
Thouars
Challans
St Fulgent
Chatillon
HAUT
la Roche-sur-Yon
Bressuire
POITOU
St Gilles
Chantonnay
Parthenay
BAS
la Plaine
les Sables
d'Olonne
Luçon
le Marais
Fontenay-le-Cte
Niort
Niort
I. de Ré
Echelle
Kil

ALLEMAGNE OCCIDLE
POUR LA CAMPAGNE DE 1796-1797
Ratisbonne
AUTRICHE
ELECTORAT
Vienne
Munich
DE BAVIÈRE
Dusseldorf
Cologne
Sieg R.
Bonn
Altenkirchen
Niciupield
Wied
Wetzlar
Coblentz
Nassau
Francfort
Mayence
DOMAINES ÉCCLÉSIASTIQUES
Bamberg
RÉPUBLIQUE
Wurtzbourg
FRANÇAISE
DUCHÉ
DE WURTEMBERG
Nereshcim
MARG
Rastadt
DE BADE
Ratisbonne
Strasbourg
Kehl
Neckar
Danube Fl.
ELECTORAT
Rhin Fl.
Brisgau
Jura Souabe
Munich
DOMAINES AUTRICHIENS
Biberach
DE BAVIÈRE
Huningue
Bâle
Echelle

PLAINE DU PÔ
POUR LA CAMPAGNE DE 1796-1797
Col de Tarvis
Campo Formio (1797)
Trieste
LOMBARDIE
VENISE
MILANAIS
Milan
Bassano
Lodi
Rivoli
Castiglione
Arcole
Venise
Legnago
ROY. DE SARDAIGNE
AUTRICHIEN
Mantoue
G. de Venise
Alexandrie
Placance
Ferrara
MER
Parme
DUCHÉ
DUCHÉ
Cherasco
DE PARME
Modène
ADRIATIQUE
Mondovi
DE MODÈNE
Bologne
Gênes
ROMAGNE
Ancône
Monaco
G. de Gênes
Nice
ÉTATS DE L'ÉG
Livourne
Arno
MÉDITERRANÉE
Florence
TOSCANE
Chienti
Tolentino

MICHIELS del.

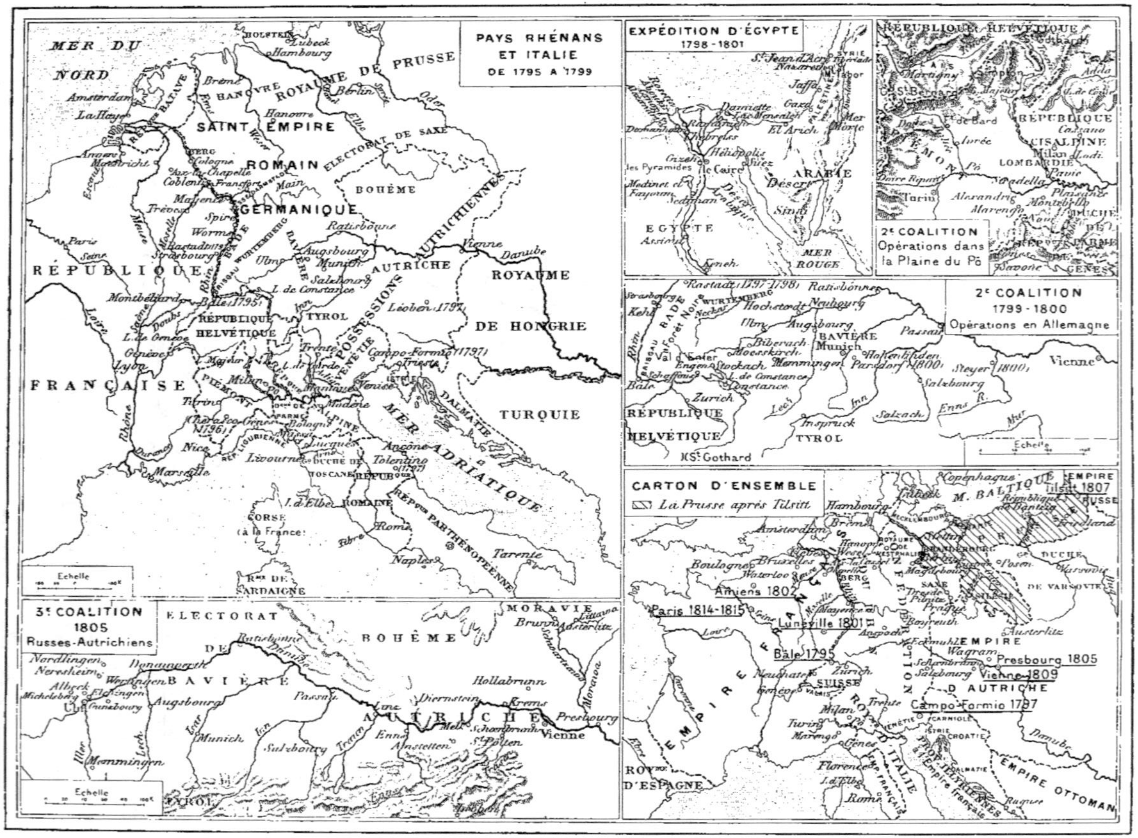

PAYS RHÉNANS
ET ITALIE
DE 1795 A 1799

EXPÉDITION D'ÉGYPTE
1798-1801

RÉPUBLIQUE HELVÉTIQUE

2ᵉ COALITION
Opérations dans
la Plaine du Pô

2ᵉ COALITION
1799-1800
Opérations en Allemagne

CARTON D'ENSEMBLE
La Prusse après Tilsitt

3ᵉ COALITION
1805
Russes-Autrichiens

4ᵉ COALITION 1806-1807 Prussiens
4ᵉ COALITION 1806-1807 Russes
5ᵉ COALITION 1809 Autrichiens Anglais
EUROPE EN 1812
GUERRE D'ESPAGNE 1808-1813
Empire français
États dépendants
États alliés
États indépendants
Échelle Kilomètres

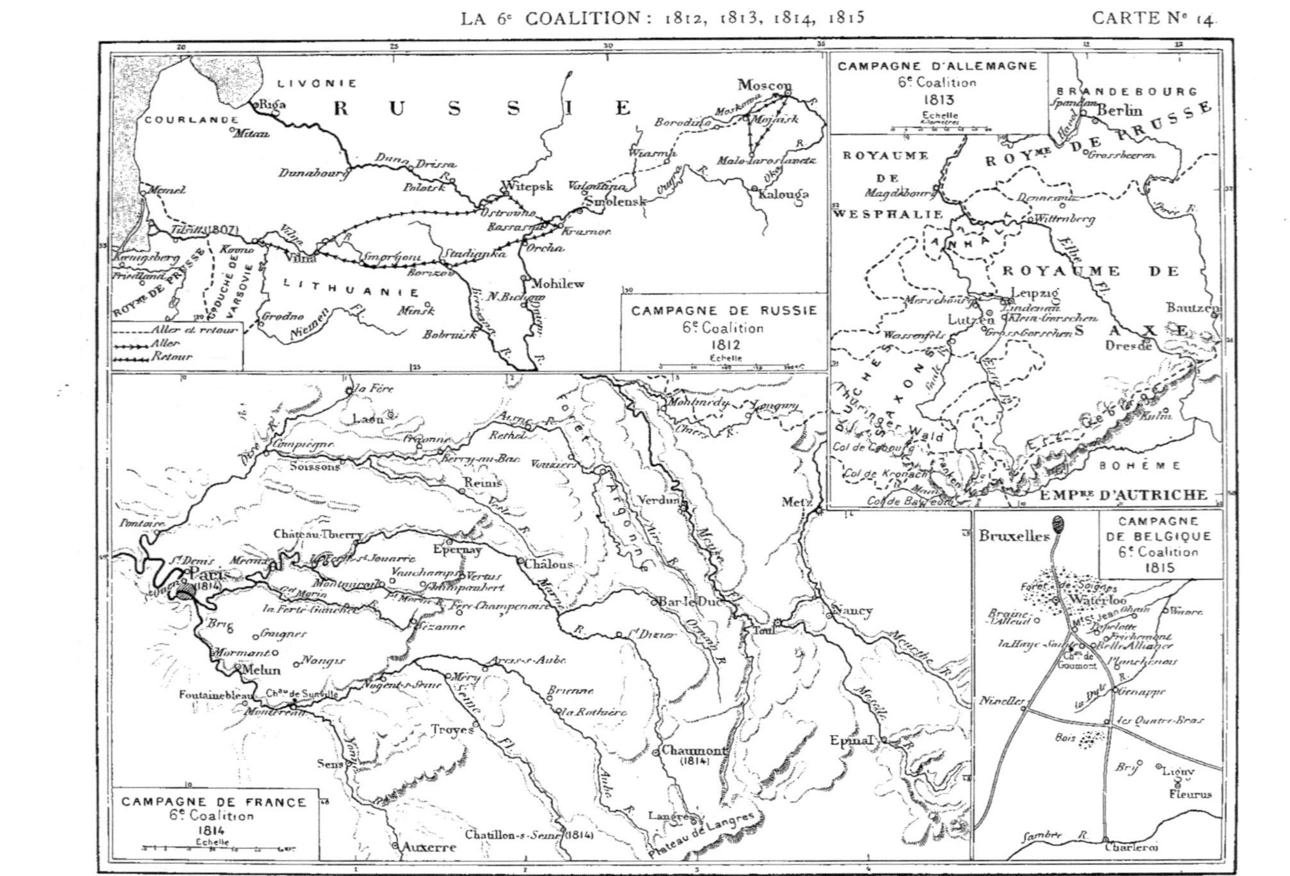
CAMPAGNE DE RUSSIE
6ᵉ Coalition
1812
Echelle
Aller et retour
Aller
Retour
RUSSIE
LIVONIE
COURLANDE
LITHUANIE
ROYᵐᵉ DE PRUSSE
DUCHÉ DE VARSOVIE
Moscou
Riga
Mitau
Memel
Dunabourg
Duna Drissa
Polotsk
Witepsk
Smolensk
Kalouga
Borodino
Mojaisk
Moskowa
Malo-Iaroslawetz
Wiazma
Valoutina
Ostrowno
Krasnoï
Rassasna
Orcha
Mohilew
N. Bichow
Minsk
Bobruisk
Borizow
Stadianka
Smorgoni
Vilna
Grodno
Niemen Fl.
Kowno
Tilsitt (1807)
Koenigsberg
Friedland

CAMPAGNE D'ALLEMAGNE
6ᵉ Coalition
1813
Echelle Kilometres
ROYAUME DE
WESPHALIE
ANHALT
ROYᵐᵉ DE PRUSSE
BRANDEBOURG
ROYAUME DE SAXE
DUCHÉ DE THURINGE
Berlin
Spandau
Grossbeeren
Magdebourg
Dennewitz
Wittenberg
Leipzig
Lindenau
Lutzen
Klein-Gœrschen
Gross-Gœrschen
Merschüng
Wassenfels
Dresde
Bautzen
Thüringer Wald
Col de Cobourg
Col de Kronach
Col de Bayreuth
BOHÊME
EMPᵐᵉ D'AUTRICHE

CAMPAGNE DE FRANCE
6ᵉ Coalition
1814
Echelle
la Fère
Laon
Compiègne
Soissons
Craonne
Rethel
Berry-au-Bac
Reims
Montmédy
Longwy
Verdun
Metz
Château-Thierry
Épernay
Châlons
Bar-le-Duc
Nancy
St Denis
Meaux
Paris (1814)
Ferté-s-Jouarre
Montmirail
Vauchamps
Vertus
Champaubert
Montereau
la Ferté-Gaucher
Sézanne
Sens
Arcis-s-Aube
St Dizier
Toul
Épinal
Brie
Guignes
Mormant
Nangis
Melun
Foutainebleau
Chᵃᵘ de Surville
Montereau
Nogent-s-Seine
Méry
Brienne
la Rothière
Troyes
Seine Fl.
Aube
Chaumont (1814)
Langres
Plateau de Langres
Chatillon-s-Seine (1814)
Auxerre
Forêt d'Argonne

CAMPAGNE DE BELGIQUE
6ᵉ Coalition
1815
Bruxelles
Forêt de Soignes
Waterloo
Braine-l'Alleud
Mᵗ St Jean
Ohain
Wavre
Frischermont
la Belle-Alliance
la Haye-Sainte
Chᵃⁿ de Goumont
Planchenois
Nivelles
Genappe
les Quatre-Bras
Bois
Ligny
Fleurus
Sambre R.
Charleroi

GRANDE BRETAGNE ET IRLANDE
ÉCOSSE
Glasgow
Édimbourg
IRLANDE
Dublin
Liverpool
Manchester
Birmingham
Bristol
Londres
ANGLETERRE
MANCHE
Îles Normandes (à l'Angleterre)
MER DU NORD
ROYAUME UNI DE NORWÈGE ET SUÈDE
Christiania
Stockholm
Åland (à la Russie)
DANEMARK
Copenhague
Helgoland (à l'Angleterre)
HOLSTEIN
Brème
Hambourg
Amsterdam
La Haye
Anvers
Lille
Bruxelles
ROYAUME DES PAYS-BAS
HANOVRE
Leipzig
Cologne
Aix-la-Chapelle
Francfort (1815)
Luxembourg
Mayence
Landau
CONFÉDÉRATION GERMANIQUE
Metz
Strasbourg
WURTEMBERG
Munich
ROYAUME DE BAVIÈRE
Danube
Mulhouse
Montbéliard
Rhin
Porrentruy
Neuchâtel
SUISSE
Châtillon (1814)
Paris 1814 1815
FRANCE
Avignon
Andorre
ESPAGNE
BALÉARES
FINLANDE
Helsingfors
L. Ladoga
Cronstadt
St. Pétersbourg
ESTHONIE
Dagö
Gotland
Oesel
LIVONIE
Riga
MER BALTIQUE
COURLANDE
Moscou
Bornholm
I. Rügen
Stralsund
POMÉRANIE
Dantzig
Thorn
LITHUANIE
Vilna
ROYAUME DE PRUSSE
Berlin
Varsovie
ROYAUME DE POLOGNE
Dresde
Lublin
RUSSIE
Dniepr
Dniester
BESSARABIE
MOLDAVIE
Jassy
Odessa
CRIMÉE
ROYAUME DE GALICIE
Vienne
HONGRIE
Bude-Pesth
EMPIRE D'AUTRICHE
TYROL
SAVOIE
LOMBARDIE
VÉNITIE
Venise
Turin
ROYAUME DE SARDAIGNE
Gênes
Nice
Lucques
MODÈNE
PARME
TOSCANE
Marin
ÉTATS DE L'ÉGLISE
Rome
CORSE (F)
SARDAIGNE (Royaume de Sardaigne)
Naples
ROYAUME DES DEUX-SICILES
I. d'Elbe
Palerme
SICILE
MER ADRIATIQUE
Raguse
MONTÉNÉGRO
BOSNIE
Belgrade
SERBIE
ALBANIE
EMPIRE OTTOMAN
VALACHIE
Bucarest
Danube
Silistrie
BULGARIE
Choumla
Sofia
ROUMÉLIE
Andrinople
Constantinople
Salonique
LIVADIE
GRÈCE
Athènes
MER NOIRE
ASIE MINEURE
CRÈTE
Malte (à l'Angleterre)
MER IONIENNE
LES RUSSES DANS LE CAUCASE
MER NOIRE
Anapa
TCHERKESSES
ABASIE
KABARDA
Tchetchénes (1859)
DAGHESTAN
M. CASPIENNE
MINGRELIE
Poti
Batoum
GEORGIE
Tiflis
Kars
ARMÉNIE
Érivan
CHIRVAN
KARABACH
LA PRUSSE EN 1815
MER DU NORD
MER BALTIQUE
Königsberg
Dantzig
Stralsund
POMÉRANIE
PRUSSE
BRANDEBOURG
Berlin
Vistule
SILÉSIE
WESTPHALIE
Cologne
SAXE
HOHENZOLLERN
Danube
Territoires nouvellement acquis par la Prusse en 1815
FRONTIÈRE FRANÇAISE DU NORD-EST EN 1815
ROYAUME DES PAYS-BAS
Lys
Condé
Quiévrain
Escaut
Philippeville
Marienbourg
Chimay
Meuse
Bouillon
ROYAUME DE PRUSSE
GRAND-DUCHÉ DE LUXEMBOURG
Luxembourg
Moselle
Thionville
Rhin
BAVIÈRE RHÉNANE
Sarrelouis
Sarrebruck
Sarre
Landau
Territoires enlevés à la France au 2e Traité de Paris (20 nov. 1815)
Frontière française en 1815

MICHIELS del.

MASSON et Cie, éditeurs.

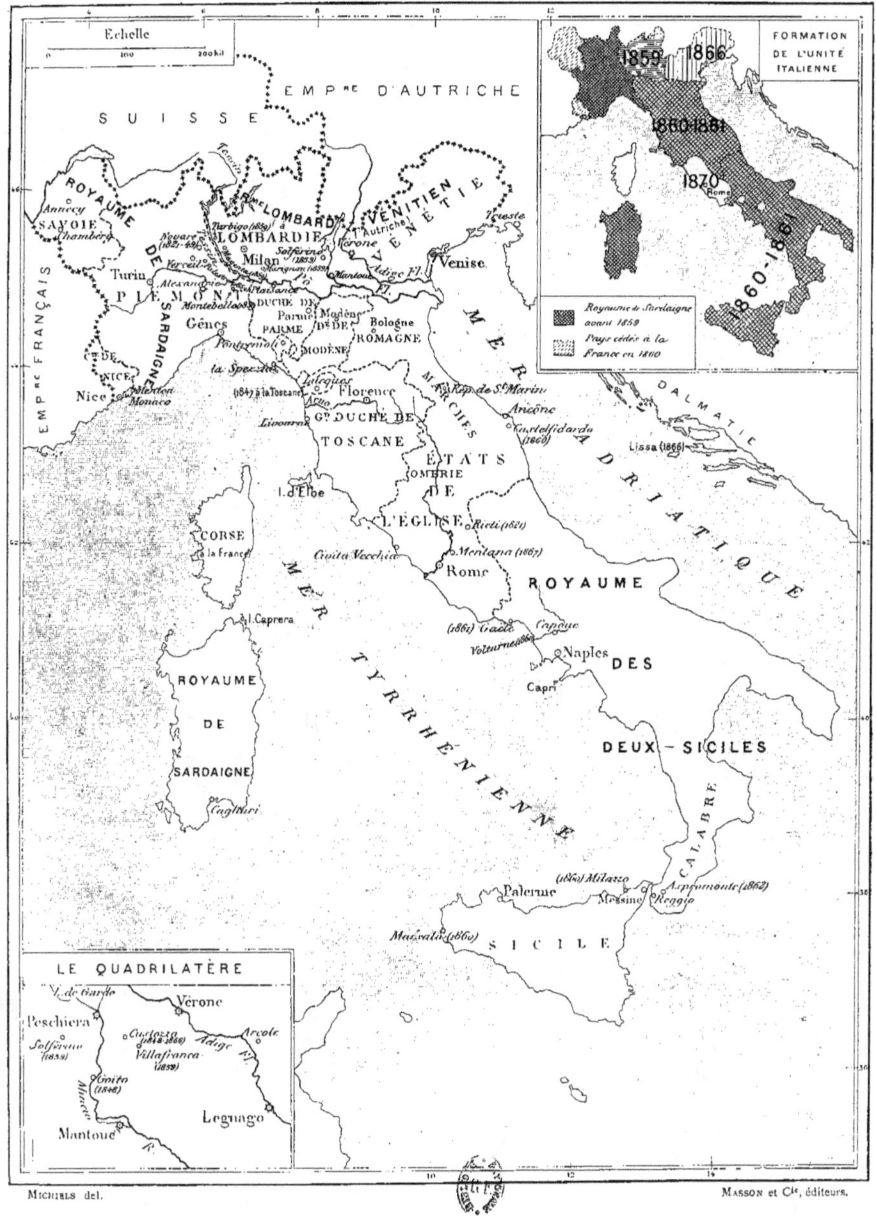
Echelle
100   200 kil.
EMPᴿᴱ D'AUTRICHE
SUISSE
ROYAUME DE SAVOIE
Annecy
Chambéry
EMPᴿᴱ FRANÇAIS
Turin
PIÉMONT
ROYAUME DE SARDAIGNE
Novare
Verceil
Alexandrie
Montebello
Gênes
Turbigo (1859) à
LOMBARDIE
Milan
Solferino (1859)
Magenta (1859)
Plaisance
DUCHÉ DE PARME
PARME
Dᵗᵉ DE
Modène
Dᵗᵉ DE
MODÈNE
la Spezzia
Pontremoli
Verone
L'Autriche
Mantoue
Adige Fl.
LOMBARD VÉNITIEN
VÉNÉTIE
Trieste
Venise
MER ADRIATIQUE
Pô Fl.
Bologne
ROMAGNE
CᵗᵉDE NICE
Nice
Monaco
Menton
(184?) à la Toscane
Arno
Florence
Livourne
Gᵈᵉ DUCHÉ DE TOSCANE
I. d'Elbe
CORSE à la France
MARCHES
OMBRIE
ÉTATS DE L'ÉGLISE
Rép. de St Marin
Ancône
Castelfidardo (1860)
Lissa (1866)
DALMATIE
Rieti (1821)
Civita Vecchia
Montana (1867)
Rome
l. Caprera
MER TYRRHÉNIENNE
ROYAUME DES DEUX-SICILES
(1861) Gaëte
Volturne (1860)
Capoue
Naples
Capri
ROYAUME DE SARDAIGNE
Cagliari
CALABRE
(1860) Milazzo
Palerme
Messine
Reggio
Aspromonte (1862)
Marsala (1860)
SICILE
FORMATION DE L'UNITÉ ITALIENNE
1859
1866
1860-1881
1870
Rome
1860-1861
Royaume de Sardaigne avant 1859
Pays cédés à la France en 1860
LE QUADRILATÈRE
L. de Garde
Verone
Peschiera
Solferino (1859)
Custozza (1848-1866)
Adige R.
Arcole
Villafranca (1859)
Minito (1848)
Mincio
Legnago
Mantoue
R.

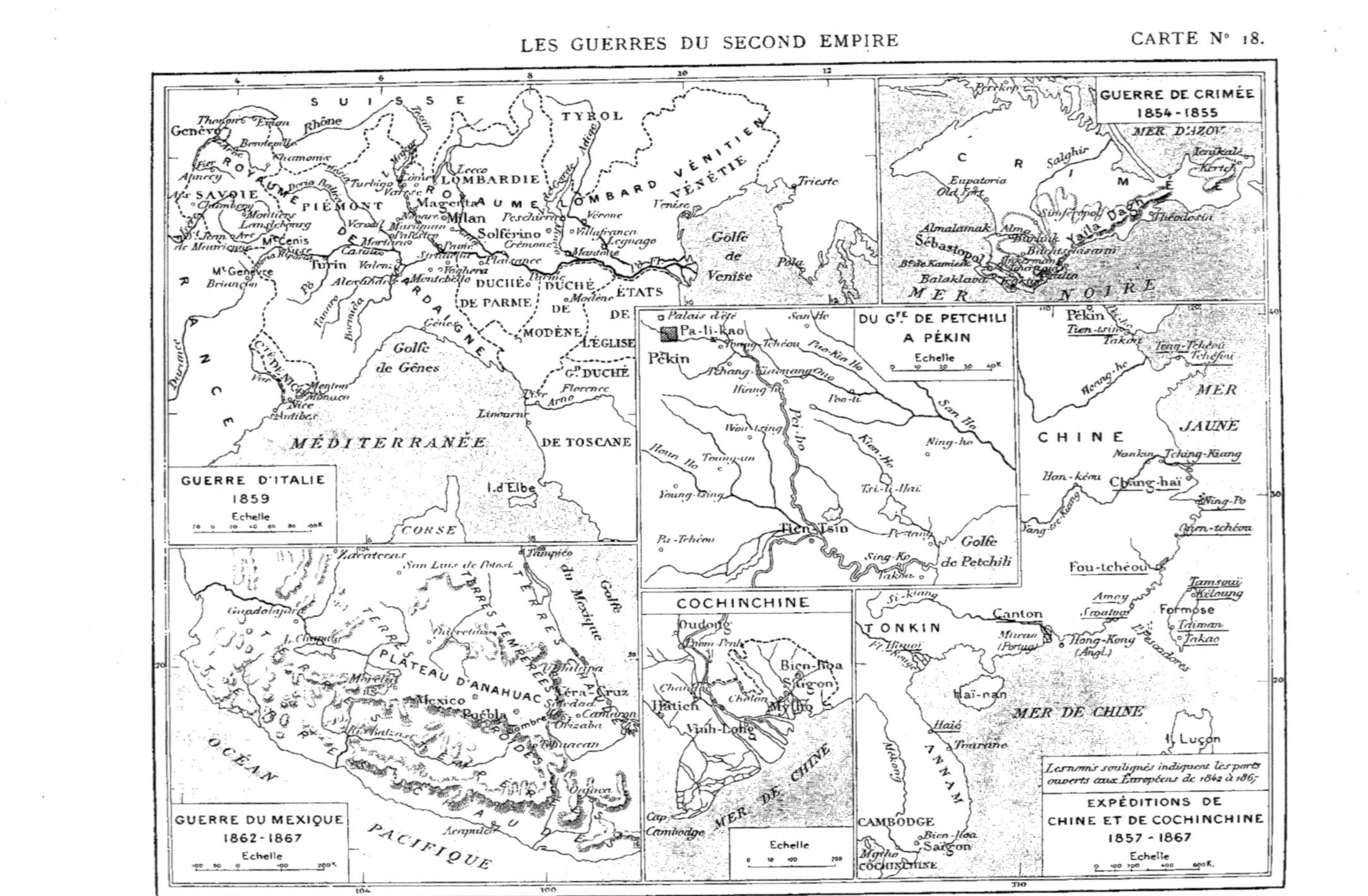
GUERRE DE CRIMÉE
1854-1855
MER D'AZOV
C R I M É E
MER NOIRE
Eupatoria
Old Fort
Sébastopol
Balaklava
Salghir
Simféropol
Théodosia
Kertch
Yenikalé
Alma
Baktchisaraï
Inkermann
SUISSE
TYROL
LOMBARD VÉNITIEN
VÉNÉTIE
ROYAUME DE SAVOIE
PIÉMONT
ROYAUME DE SARDAIGNE
LOMBARDIE
Genève
Rhône
Lecco
Milan
Magenta
Solférino
Turin
Crémone
Vérone
Venise
Trieste
Pola
Golfe de Venise
Plaisance
Alexandrie
Montebello
DUCHÉ DE PARME
DUCHÉ DE MODÈNE
ÉTATS DE L'ÉGLISE
Gde DUCHÉ
Florence
Arno
Golfe de Gênes
Nice
Menton
Antibes
MÉDITERRANÉE
DE TOSCANE
I. d'Elbe
CORSE
FRANCE
GUERRE D'ITALIE
1859
Echelle
GUERRE DU MEXIQUE
1862-1867
Echelle
OCÉAN PACIFIQUE
Golfe du Mexique
Tampico
Vera-Cruz
Mexico
Puebla
Orizaba
PLATEAU D'ANAHUAC
TERRES TEMPÉRÉES
TERRES FROIDES
Guadalajara
Zacatecas
San Luis de Potosi
Acapulco
DU Gfe DE PETCHILI A PÉKIN
Echelle
Palais d'été
Pa-li-kao
Pékin
Tien-Tsin
Golfe de Petchili
Pei-ho
San Ho
Ning-ho
Kien-Ho
COCHINCHINE
Echelle
Oudong
Phom-Penh
Bien-Hoa
Saïgon
Cholon
Hatien
Mytho
Vinh-Long
MER DE CHINE
Cap Cambodge
TONKIN
ANNAM
CAMBODGE
Hai-nan
Haïe
Touranne
Canton
Macao (Portug.)
Hong-Kong (Angl.)
Si-kiang
Mékong
Bien-Hoa
Saïgon
Mytho
COCHINCHISE
CHINE
MER JAUNE
MER DE CHINE
Pékin
Tien-tsin
Takou
Tong-Tchéou
Nankin
Tching-Kiang
Chang-haï
Ning-Po
Wen-tchéou
Fou-tchéou
Amoy
Swatow
Formose
Tamsouï
Kéloung
Taïwan
Takao
I. Luçon
Les noms soulignés indiquent les ports
ouverts aux Européens de 1842 à 1867
EXPÉDITIONS DE
CHINE ET DE COCHINCHINE
1857-1867
Echelle

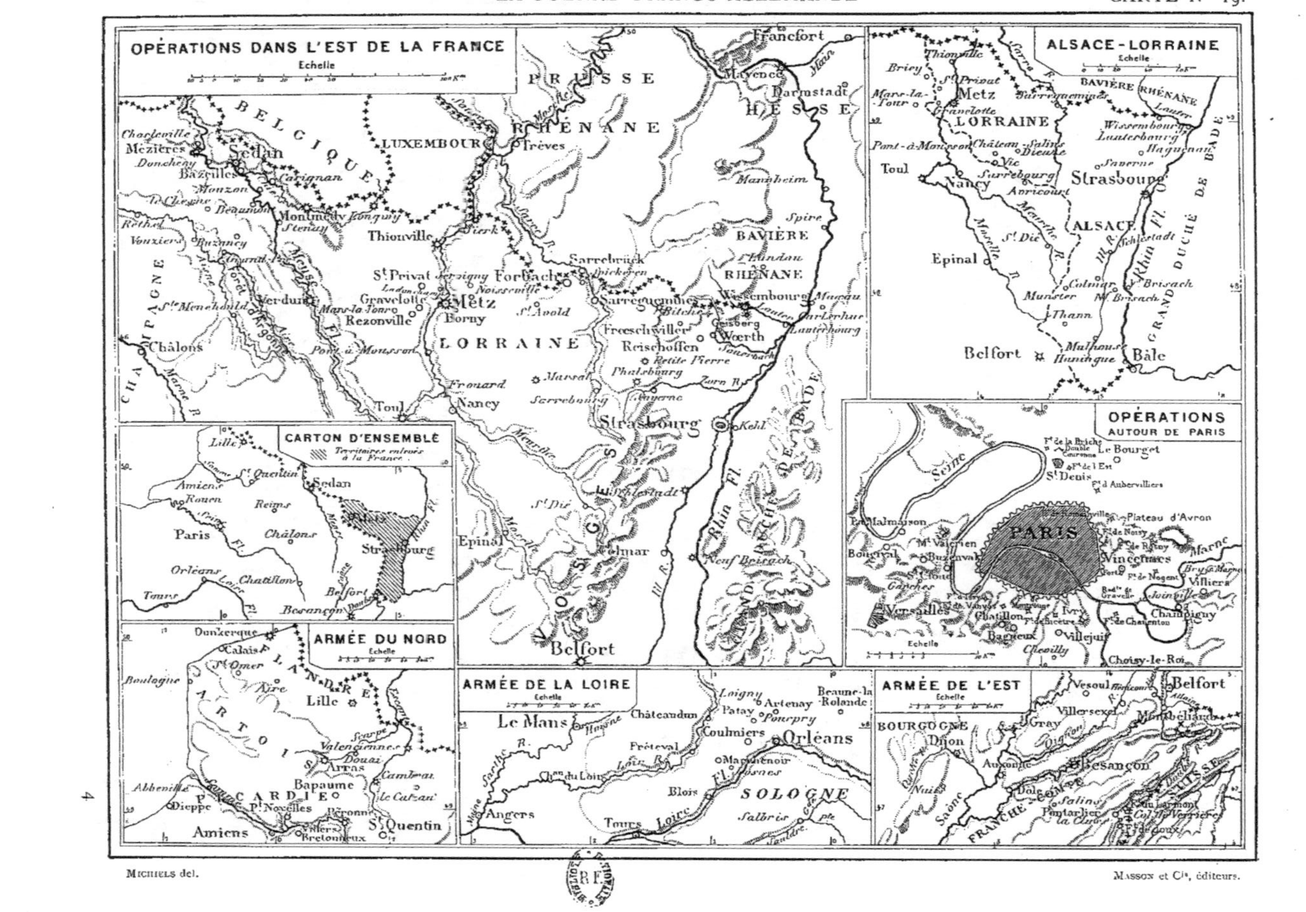
OPÉRATIONS DANS L'EST DE LA FRANCE
Echelle
ALSACE-LORRAINE
Echelle
OPÉRATIONS AUTOUR DE PARIS
Echelle
CARTON D'ENSEMBLE
Territoires enlevés à la France
ARMÉE DU NORD
Echelle
ARMÉE DE LA LOIRE
Echelle
ARMÉE DE L'EST
Echelle
PARIS
SOLOGNE
BOURGOGNE
LORRAINE
ALSACE
BAVIÈRE RHÉNANE
HESSE
PRUSSE RHÉNANE
BELGIQUE
LUXEMBOURG
GRAND DUCHÉ DE BADE
CHAMPAGNE
VOSGES
FLANDRE
ARTOIS
PICARDIE
Francfort
Mayence
Darmstadt
Mannheim
Spire
Trèves
Sarrebrück
Thionville
Briey
Metz
Mars-la-Tour
Gravelotte
Rezonville
Borny
St Privat
Forbach
Spickeren
Sarreguemines
Bitche
Wissembourg
Woerth
Freeschwiller
Reischoffen
Petite Pierre
Phalsbourg
Saverne
Strasbourg
Kehl
Colmar
Neuf Brisach
Belfort
Huningue
Bâle
Mulhouse
Thann
Munster
St Dié
Epinal
Nancy
Toul
Frouard
Marsal
Verdun
Ste Menehould
Châlons
Sedan
Mézières
Charleville
Donchery
Bazeilles
Carignan
Mouzon
Beaumont
Stenay
Montmédy
Longwy
Vouziers
Buzancy
Saverne
Haguenau
Lauterbourg
Château-Salins
Dieuze
Vic
Sarrebourg
Avricourt
Schlestadt
Le Bourget
St Denis
Fd d'Aubervilliers
Malmaison
Mt Valérien
Bougival
Versailles
Gennevilliers
Plateau d'Avron
Vincennes
Marne
Villiers
Champigny
Joinville
Ivry
Châtillon
Bagneux
Villejuif
Choisy-le-Roi
Clichy
Lille
St Quentin
Amiens
Rouen
Reims
Châlons
Paris
Orléans
Chatillon
Tours
Besançon
Strasbourg
Dunkerque
Calais
St Omer
Boulogne
Aire
Lille
Valenciennes
Douai
Arras
Cambrai
Le Catau
Bapaume
Péronne
St Quentin
Abbeville
Dieppe
Amiens
Bretonneux
Le Mans
Châteaudun
Fréteval
Patay
Loigny
Artenay
Beaune-la-Rolande
Coulmiers
Orléans
Blois
Angers
Tours
Salbris
Vesoul
Villersexel
Belfort
Montbéliard
Gray
Dijon
Besançon
Pontarlier
FRANCHE COMTÉ
SUISSE
MICHIELS del.   MASSON et Cie, éditeurs.

EMPIRE
D'AUTRICHE
ROYAUME DE HONGRIE
TRANSYLVANIE
CROATIE
Trieste
Temesvar
Maros R.
MOLDAVIE
BESSARABIE
Iassy
Bender
Odessa
Akkerman 1826
la Russie de 1826 à 1845
Sulina
MER ADRIATIQUE
ITALIE
Save R.
Semendria
Belgrade
(Roy. 1882)
BOSNIE
SERBIE
Principauté 1861 — Royaume 1881
ROUMANIE
Bucarest 1812
VALACHIE
Giurgevo
MER NOIRE
Kustendye
HERZÉGOVINE
Novi-bazar
MONTÉNÉGRO
Cettigne
Antivari
Scutari
d'Albanie
Dulcigno
(1880)
ALBANIE
BULGARIE
SOFIA (Princ. 1878)
ROUMÉLIE ORIENTALE
(1878)
Philippopoli
Varna
Bourgas
NOIRE
Onskoub
ROUMÉLIE
Andrinople 1829
Bosphore
Constantinople
Scutari
Iles des Princes
San Stefano 1878
TURQUIE
Vardar R.
Salonique
MACÉDOINE
Tharos
Gallipoli
Lemnos
M. DE MARMARA
Brousse
ASIE
Janina
Corfou
Parga
Prevesa
ÉPIRE
Larissa
Volo
Sporades Sept.
Dardanelles
B. de Berlin
I. Mytilène
Chios
MINEURE
Smyrne
Missolonghi
Lépante
GRÈCE
Athènes
le Pirée
Samos
Patras
Épidaure
MORÉE
Tripolitza
Navarin
Hydra
Spetzia
Cyclades
I. Cérigo
I. Rhodes
la Canée
B. de la Sude
Candie
B. de Mirabella
Sélino
CRÈTE
Sphakia
Hierapetra

PERTES DE L'EMPIRE OTTOMAN
1812. Traité de Bucarest. Bessarabie.
Partie de la Bessarabie réoccupée par les Turcs de 1856 à 1878 (Congrès de Paris 1856).
Delta d'zinilieu donné à la Russie jusqu'à 1856 (Convention d'Akkerman 1826) confirmé par le traité d'Andrinople (1829).
1878. Traité de Berlin. Bosnie, Herzégovine, Novi-bazar occupés par l'Autriche, agrandissements de la Serbie et du Monténégro; Dobroudja à la Roumanie, Bessarabie méridionale à la Russie, Chypre aux Anglais.
1880. Dulcigno au Monténégro.
1881. Thessalie et portion de l'Épire à la Grèce.
PAYS INDÉPENDANTS
Roumanie (principauté 1861 - roy. 1881).
Grèce (royaume 1830, agrandie de la Thessalie 1881).
Serbie.
Monténégro.
PAYS AUTONOMES
1878 Principauté de Bulgarie.
1878 Roumélie orientale.
1885 Roumélie orientale réunie à la Bulgarie - Crète - Samos.

CARTON D'ENSEMBLE
Berlin 1878
Paris 1856
Dniepr
Dniestr
Taganrog
Azov
Otchakov
Odessa
Kinburn
Anapa
CAUCASE
Kutais
Tiflis
Sébastopol
Balaklava
Batoum
Poti
Danube
MER NOIRE
Sinope
Trébizonde
Kars
Erivan
PÉNINSULE DES BALKANS
Constantinople
Salonique
Brousse
Erzeroum
ARMÉNIE
I. Corfou
GRÈCE
ARCHIPEL
ASIE MINEURE
Smyrne
I. Chios
MER MÉDITERRANÉE
I. de Rhodes
Chypre (Angl.)
Échelle
Kilomètres

RIVALITÉ DU SULTAN ET DE MEHEMET-ALI 1831-1841
Sinope
Constantinople
Unkiar Skelessi 1833
Scutari
Brousse
Koutaych
ASIE MINEURE
Smyrne
Konieh
TAURUS
Adana
Nézib
Basse de Beidan
Alep
Antioche
Chypre
Tripoli
Homs
Beyrout
Saïda
Damas
St Jean d'Acre
Jaffa
SYRIE
Jérusalem
Alexandrie
le Caire
Échelle
Kilomètres

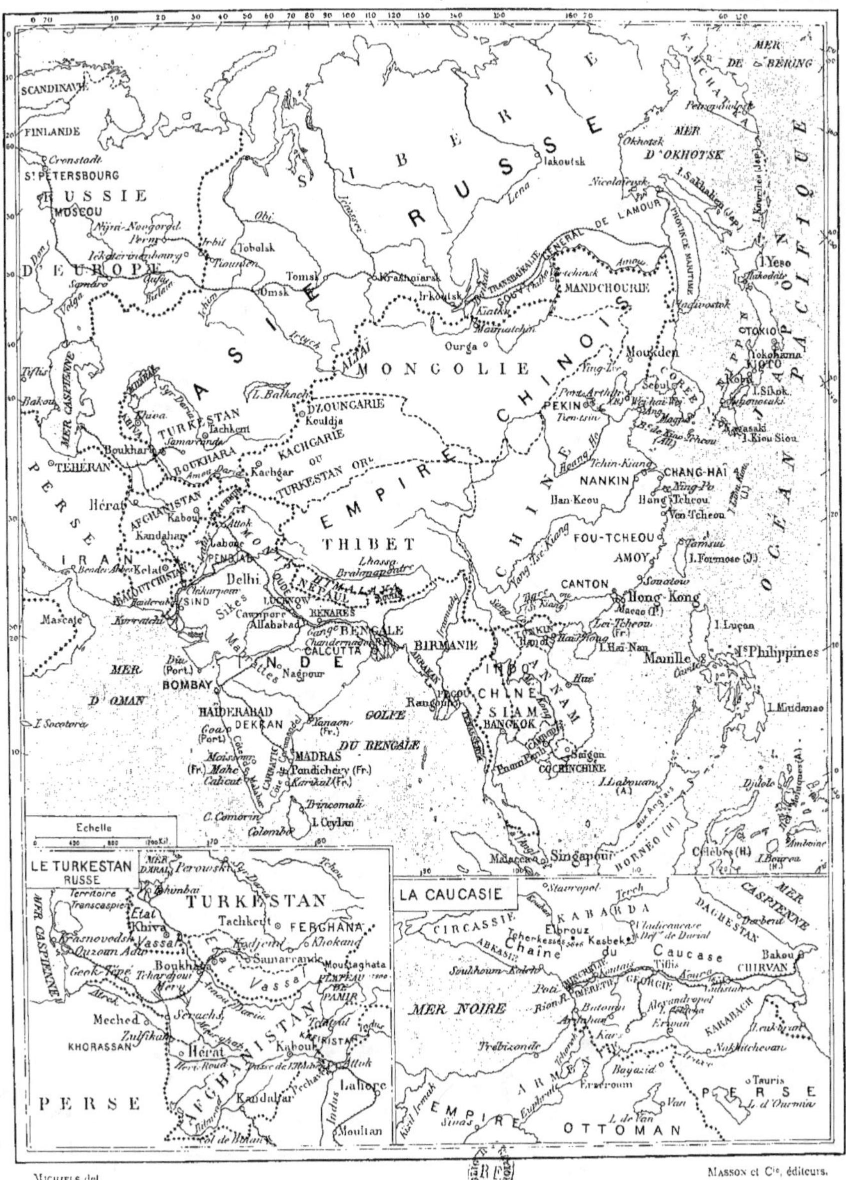

MICHIELS del.   MASSON et Cⁱᵉ, éditeurs.

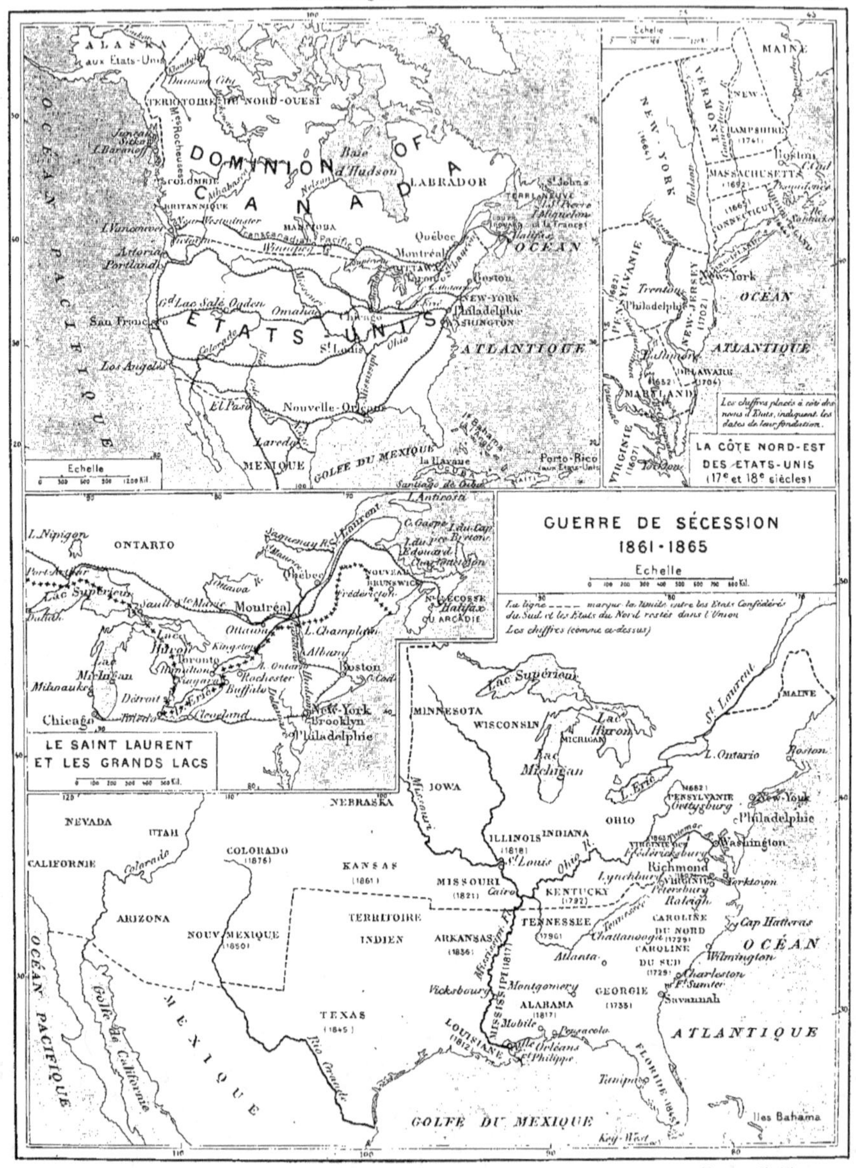
ALASKA
aux Etats-Unis
TERRITOIRE DU NORD-OUEST
DOMINION OF CANADA
COLOMBIE BRITANNIQUE
MANITOBA
LABRADOR
Baie d'Hudson
TERRE-NEUVE
St Pierre et Miquelon (à la France)
OCÉAN ATLANTIQUE
Québec
Montréal
OTTAWA
Boston
NEW-YORK
Philadelphie
WASHINGTON
ÉTATS-UNIS
OCÉAN PACIFIQUE
San Francisco
Los Angeles
El Paso
Laredo
Nouvelle-Orléans
MEXIQUE
GOLFE DU MEXIQUE
la Havane
Porto-Rico
aux Etats-Unis
Santiago de Cuba
Echelle

MAINE
NEW YORK
VERMONT
NEW HAMPSHIRE 1741
MASSACHUSETTS 1692
CONNECTICUT 1667
PENSYLVANIE
NEW-JERSEY 1702
Trenton
Philadelphie
OCÉAN ATLANTIQUE
DELAWARE 1706
MARYLAND 1652
VIRGINIE 1607
Les chiffres placés à côté des noms d'États, indiquent les dates de leur fondation
LA CÔTE NORD-EST DES ÉTATS-UNIS
(17e et 18e siècles)

ONTARIO
L. Nipigon
Port Arthur
Lac Supérieur
Duluth
Sault Ste Marie
Lac Huron
Lac Michigan
Milwaukee
Chicago
Détroit
Toronto
Hamilton
Niagara
Cleveland
Rochester
Buffalo
Kingston
Ottawa
Montréal
L. Champlain
Albany
New-York
Brooklyn
Philadelphie
Boston
Saguenay R.
St Laurent
Québec
C. Gaspé
Ile du Cap Breton
Ile du Prince Édouard
NOUVEAU BRUNSWICK
Frédericton
N.LE ÉCOSSE
Halifax
OU ACADIE
L. Anticosti
LE SAINT LAURENT ET LES GRANDS LACS

GUERRE DE SÉCESSION
1861-1865
Echelle
La ligne ---- marque la limite entre les États Confédérés du Sud et les États du Nord restés dans l'Union
Les chiffres (comme ci-dessus)
Lac Supérieur
MINNESOTA
WISCONSIN
Lac Huron
MICHIGAN
Lac Michigan
IOWA
St Laurent
MAINE
L. Ontario
Boston
L. Érié
NEW-YORK
Philadelphie
PENSYLVANIE
Gettysburg
OHIO
ILLINOIS 1818
INDIANA
St Louis
VIRGINIE
Frédericksburg
Richmond
Washington
Yorktown
NEVADA
UTAH
CALIFORNIE
COLORADO 1876
KANSAS 1861
MISSOURI 1821
Cairo
KENTUCKY 1792
Lynchburg
Petersburg
Raleigh
CAROLINE DU NORD 1729
Cap Hatteras
ARIZONA
NOUV. MEXIQUE 1850
TERRITOIRE INDIEN
ARKANSAS 1836
TENNESSEE 1796
Chattanooga
CAROLINE DU SUD 1729
Wilmington
Charleston
Ft Sumter
OCÉAN ATLANTIQUE
Vicksburg
Montgomery
ALABAMA 1817
GEORGIE 1735
Savannah
Atlanta
TEXAS 1845
LOUISIANE 1812
Mobile
Pensacola
La Nlle Orléans
St Philippe
OCÉAN PACIFIQUE
Golfe de Californie
MEXIQUE
Rio Grande
Tampa
FLORIDE 1845
Key West
GOLFE DU MEXIQUE
Iles Bahama

Les dates indiquent l'époque de
l'affranchissement des États
Territoire enlevé en 1881 par le Chili
au Pérou et à la Bolivie.
Limites des vice-royautés et de Capit.
Limite d'États
Echelle

ILE DE CUBA
Echelle

LA HAVANE
Matanzas
Sagua la Grande
Pinar del Rio
Cienfuegos
Santa Clara
Cap
S.Antonio
Trinidad
Santo Espiritu
Tunas
Nuevitas
Ile des Pins
Puerto Principe
Holgan
S.ta Cruz
B.ie de Bonne Esperance
Manzanillo
Bayamo
Baracoa
Cap
Maisi
Santiago de Cuba

VICE-ROYAUTÉ DE CALIFORNIE
Nouvelle-Orléans
GOLFE DU
MEXIQUE
Tampa
Key West
La Havane
FLORIDE
Iles Bahama
CUBA (Independante)
MEXIQUE
(1821)
Tampico
Guanajuato
MEXICO
Vera-Cruz
Puebla
Acapulco
Oajaca
San Salvador
VICE-ROYAUTÉ DE MEXICO
GRANDES ANTILLES
Kingston
Jamaïque (Ang)
HAITI
PORT au Prince
Porto-Rico (Etats-Unis)
Guadeloupe
Martinique
MER DES ANTILLES
PETITES ANTILLES
CAPITAINERIE GEN.le
DE GUATEMALA
Independance (1821)
Confédération de 1823 à 1835
CONFÉDÉRATION
I.Curaçao
(1829-1830)
la Guaira
Margarita
Trinité
CARACAS
Carthagène
Colon
Panama
Carabobo
Llanos
CAPITAINERIE GEN.le
DE CARACAS
Georgetown
Paramaribo
Cayenne
GUYANE
Porto Bello
Angostura
Boyaca
SANTA-FÉ
de Bogota
VICE-ROYAUTÉ
DE SANTA-FÉ
QUITO
Guyaquil
GUYANE ANG
GUYANE HOLL.se
GUYANE FR.se
Equateur
Selvas
Amazone
Para ou Belem
VICE-ROYAUTÉ DU PÉROU
BRÉSIL
(AU PORTUGAL)
Pernambouc
Brésil (1821) Repub.e Fédérative (1889)
Madera
PÉROU
(1821)
Callao
LIMA
Ayacucho
Cuzco
Matto Grosso
Bahia
BOLIVIE
La Paz
(H.t PÉROU)
Territoire litigieux
CHUQUISACA
(SUCRÉ)
Ouro Preto
Iquique
Grand
Antofagasta
Atacama
Tucuman
Chaco
Paraguay
PARAGUAY
(1811)
ASSOMPTION
Parana
RIO DE JANEIRO
CAPIT.ie GÉN.e DU CHILI
VICE-ROYAUTÉ
DE
BUENOS-AYRES
CHILI (1818)
Valparaiso
SANTIAGO
Chacabuco
Rancagua
BUENOS-AYRES
RÉP.e ARGENTINE
(1817)
URUGUAY
(1828)
MONTEVIDEO
La Plata
Parana
Uruguay
Valdivia
Pampas
Patagonie
I.le Falkland
Terre de Feu
C. Horn

GUATÉMALA
Belize
HONDURAS
TÉGUCIGALPA
GUATEMALA
S. SALVADOR
SALVADOR
NICARAGUA
Léon
MANAGUA
COSTA RICA
Colon
Panama
S. JOSÉ
COLOMBIE
HONDURAS ANG.s
AMÉRIQUE
CENTRALE

BORNÉO
Celebes
Molluques
MALAISIE
N.le GUINÉE
Sumbava
Timor
D.t de Torres
Palmerston
G. de Carpentarie
York
TERRITOIRE DU NORD
Rockhampton
TERRE
ALEXANDRA
Brisbane
AUSTRALIE
OCCIDENTALE
(1829)
Perth
AUSTRALIE
DU SUD
QUEENSLAND
(1859)
N.les GALLES
DU SUD
AUSTRALIE
Sydney
Botany Bay
Townsend
Albany
Adélaïde
VICTORIA
MELBOURNE
AUSTRALIE
Echelle
TASMANIE
(1825)
Hobart Town
D.t de Bass

COTE SUD-EST DE L'AUSTRALIE
Silverton
Kapunda
Bathurst
Newcastle
Balranald
Sydney
P.t Jackson
Adélaïde
Sandhurst
Botany Bay
Ballarat
Melbourne
Geelong
Cap Wilson

OCÉAN
ATLANTIQUE
PACIFIQUE

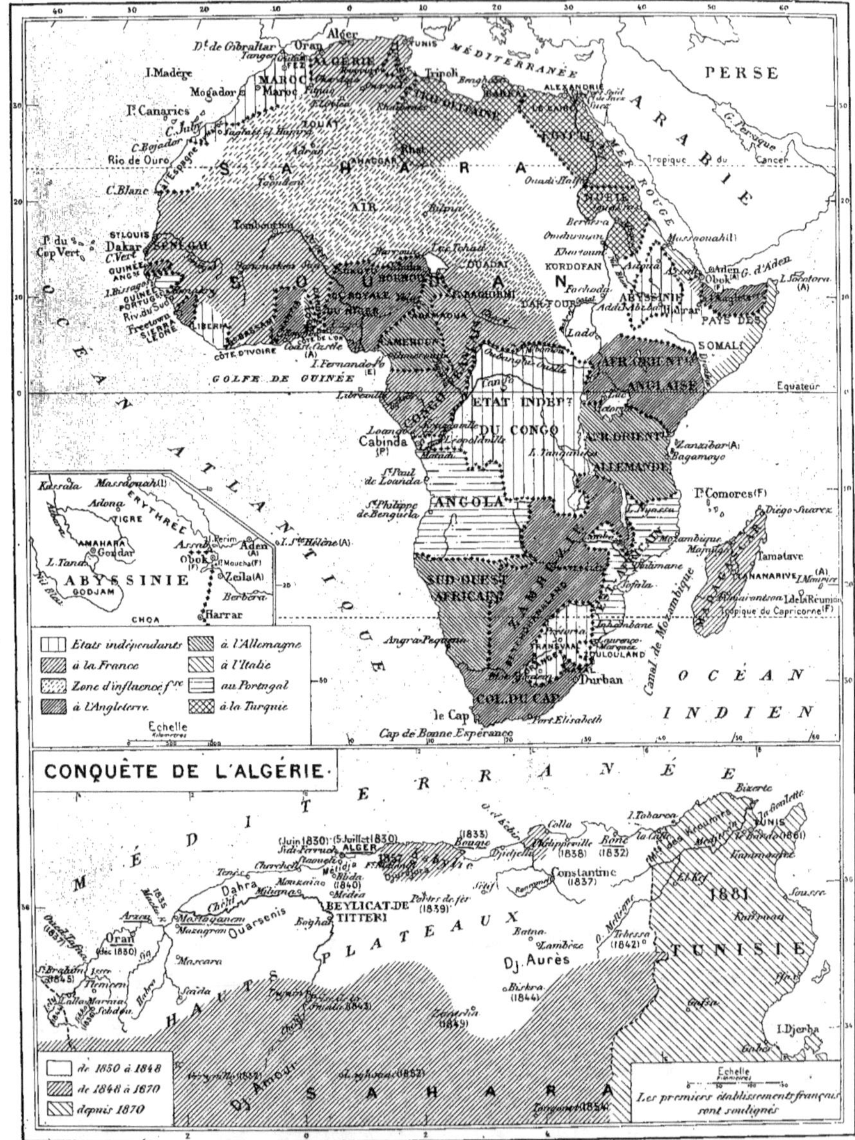

Légende :

CONQUÊTE DE L'ALGÉRIE

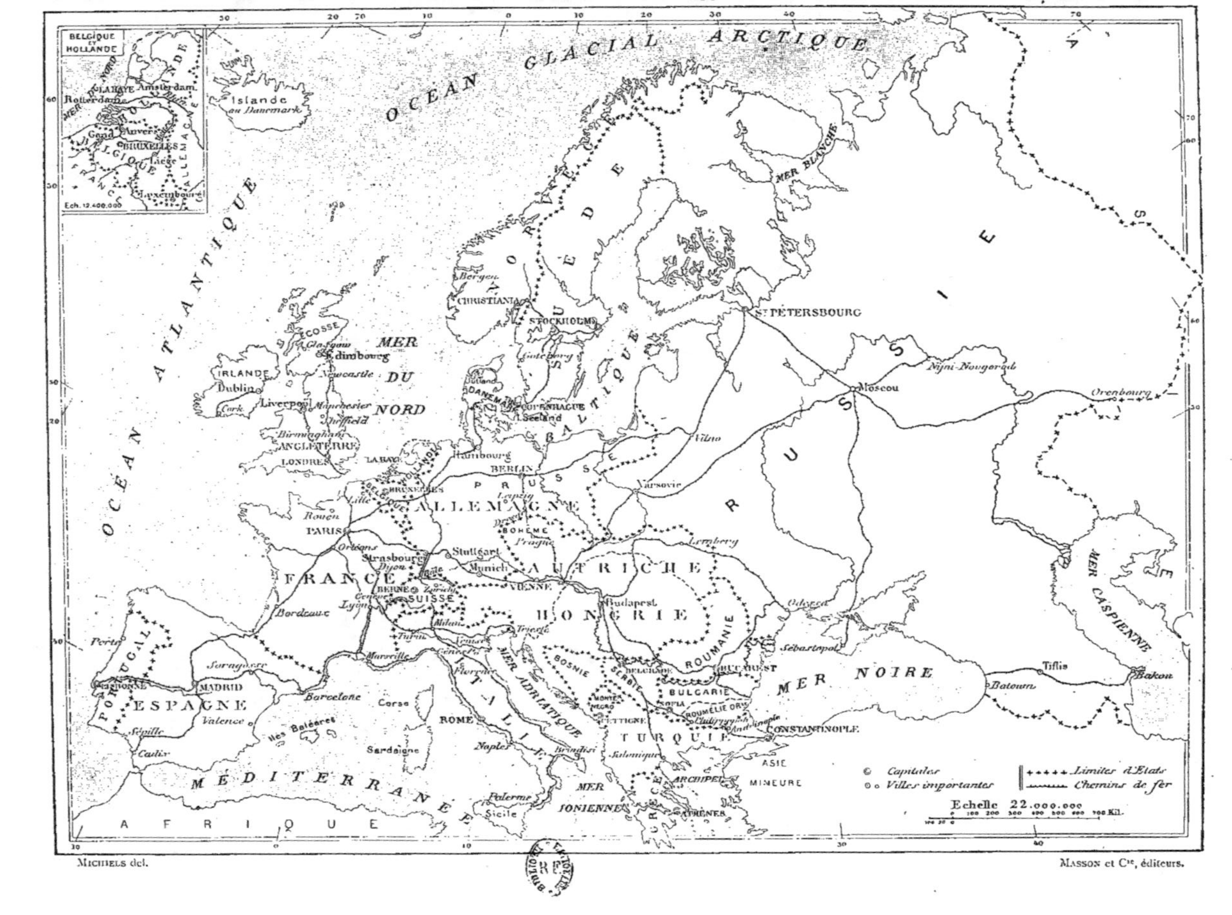

MICHIELS del.   MASSON et Cie, éditeurs.